Alas rotas

Alas rotas
Cómo prevenir la violencia sexual infantil y ayudar a las víctimas

JOSEFINA VÁZQUEZ MOTA
(Compiladora)

Grijalbo

Alas rotas
Cómo prevenir la violencia sexual infantil y ayudar a las víctimas

Primera edición: diciembre, 2020

D. R. © 2020, Josefina Vázquez Mota

D. R. © 2020, derechos de edición mundiales en lengua castellana:
Penguin Random House Grupo Editorial, S. A. de C. V.
Blvd. Miguel de Cervantes Saavedra núm. 301, 1er piso,
colonia Granada, delegación Miguel Hidalgo, C. P. 11520,
Ciudad de México

www.megustaleer.mx

D. R. © 2020, Josefina Vázquez Mota, por compilación del libro y la introducción
D. R. © 2020, Santiago Nieto, por el prólogo «El combate a la explotación sexual de niñas, niños y adolescentes desde la Unidad de Inteligencia Financiera»
D. R. © 2020, Moisés Laniado, por «La violencia sexual infantil en la familia y en la escuela» y por «Todos tenemos una tarea por delante»
D. R. © 2020, Katina Medina Mora, por «La luz al final del túnel, una esperanza para tod@s»
D. R. © 2020, María Cecilia López, por «Los gráficos como método de diagnóstico y abordaje para la violencia sexual contra niñas y niños: casos prácticos»
D. R. © 2020, María del Rosario Alfaro Martínez, por «Violencia sexual en la primera infancia»
D. R. © 2020, Denise Meade Gaudry, por «La violencia sexual infantil y su acompañamiento desde el ámbito psicológico»
D. R. © 2020, Liliana Mora Espinoza, por «Ciberpedofilia»
D. R. © 2020, Josefina Lira Plascencia y Francisco Ibargüengoitia Ochoa, por «Aspectos médicos del abuso sexual en la infancia y en la adolescencia»
D. R. © 2020, María Beatriz Müller, por «La ruta crítica del abuso sexual contra los niños y el rol del adulto protector»
D. R. © 2020, Marcos Pérez Esquer, por «Una mirada jurídica a la violencia sexual contra niñas, niños y adolescentes»

ISBN: 978-607-319-905-6

Impreso en México – *Printed in Mexico*

El papel utilizado para la impresión de este libro ha sido fabricado a partir de madera
procedente de bosques y plantaciones gestionadas con los más altos estándares ambientales,
garantizando una explotación de los recursos sostenible con el medio ambiente y beneficiosa para las personas.

Penguin
Random House
Grupo Editorial

Índice

PRÓLOGO 9
Santiago Nieto

INTRODUCCIÓN 17
Lic. Josefina Vázquez Mota

CAPÍTULO 1 37
La violencia sexual infantil en la familia y en la escuela
Moisés Laniado, Comunidad Judía de México

CAPÍTULO 2 51
La luz al final del túnel, una esperanza para tod@s
Mtra. Katina Medina Mora

CAPÍTULO 3 67
Los gráficos como método de diagnóstico y abordaje para
la violencia sexual contra niñas y niños: casos prácticos
Lic. María Cecilia López. Psicoanalista infantil y perito
de parte de niñas, niños y adolescentes

CAPÍTULO 4 87
Violencia sexual en la primera infancia
Lic. María del Rosario Alfaro Martínez. Directora general
de Guardianes A. C.

CAPÍTULO 5 113
La violencia sexual infantil y su acompañamiento
desde el ámbito psicológico
Dra. Denise Meade Gaudry

CAPÍTULO 6 141
Ciberpedofilia
Lic. Liliana Mora Espinoza

CAPÍTULO 7 159
Aspectos médicos del abuso sexual en la infancia
y en la adolescencia
Dra. Josefina Lira Plascencia. Coordinadora de la Unidad de
Investigación en Medicina de la Adolescente
Dr. Francisco Ibargüengoitia Ochoa. Departamento de
Obstetricia del Instituto Nacional de Perinatología "Isidro
Espinoza de los Reyes"

CAPÍTULO 8 177
La ruta crítica del abuso sexual contra los niños
y el rol del adulto protector
Lic. María Beatriz Müller, Autora, fundadora y presidenta
de Salud Activa

CAPÍTULO 9 195
Una mirada jurídica a la violencia sexual contra niñas,
niños y adolescentes
Mtro. Marcos Pérez Esquer. Profesor de la Facultad
de Derecho de la Universidad La Salle

CAPÍTULO 10 225
Todos tenemos una tarea por delante
Moisés Laniado. Profesor de la Facultad de Derecho
de la Universidad La Salle

EPÍLOGO 249

NOTAS AL FINAL DEL POEMA 255

Prólogo

El combate a la explotación sexual de niñas, niños y adolescentes desde la Unidad de Inteligencia Financiera

La obra que nos presenta Josefina Vázquez Mota es una recopilación de textos de autores inmersos en diversos ámbitos, públicos y privados, académicos, educativos, de salud y asociaciones civiles que han enfocado sus esfuerzos en luchar contra este terrible mal desde distintas aproximaciones y enfoques, todos ellos con la intención de hacer visible y generar una reflexión en torno a la violencia sexual infantil. También nos ofrece una visión personal, intercalando historias y experiencias que lamentablemente llegan a vivir nuestros niños, niñas y adolescentes a diario.

La senadora Vázquez Mota es una mujer preocupada por los temas sensibles, y con este trabajo da voz a las víctimas de violencia sexual infantil, lo cual suma bastante en la visibilización de este tipo de agresión. El libro plantea este tema desde dos grandes vertientes: la de las víctimas y la de los expertos. La primera introduce al lector, a través de testimonios, en una realidad violenta en la que por desgracia niñas, niños y adolescentes son abusados y en muchas ocasiones afectados de manera permanente, pero cuya voz alzada también nos permite comprender que tomar decisiones a tiempo, como sociedad nos ayuda a identificar y combatir día con día este tipo de violencia. En la segunda, los expertos comparten valioso conocimiento en diferentes disciplinas, como: detección de abuso y mecanismos para enfrentar problemas diversos derivados de éste; los cuidados necesarios de los infantes para propiciarles un desarrollo pleno; el acompañamiento de la víctima desde el ámbito psicológico, neurológico, fisiológico, social y de percepción; la identificación de los diferentes tipos de maltrato; el impacto de la conducta sexual abusiva en un menor y las secuelas durante su vida adulta en el ámbito privado y social; el abuso sexual, desde la psicología, la medicina y el derecho.

Asimismo, resalta que durante la época de pandemia el abuso sexual, en su forma digital, ha ido en alarmante aumento. Por ello, aborda el *grooming*, práctica de acoso y violencia sexual en medios digitales cuyos actores, en cuanto adultos, atentan contra la vida de niñas, niños y jóvenes; y el *sexting*, término que alude a la recepción o transmisión de imágenes o videos de contenido sexual infantil y juvenil a través de redes sociales.

La importancia de hablar de una situación de abuso en todos sus aspectos resulta indispensable para generar acciones de prevención y sanción que contrarresten la violencia sexual infantil, fortalecidas gracias al esfuerzo común de instituciones y la sociedad, refrendando así el compromiso de proteger a a la población más joven.

Los esfuerzos legislativos abordados en el texto serán necesarios para robustecer el entramado legal e institucional que debe combatir la violencia sexual contra niñas, niños y adolescentes, lo cual mejorará el esquema de protección a menores de edad, homologando así los tipos penales y sus sanciones. Por ello, se propone expedir un Código Penal Nacional que conduzca el orden normativo y permita contribuir con la implementación de medidas de protección para el desarrollo de los agraviados.

Parte importante de esta imprescindible obra es el análisis y la descripción de instrumentos jurídicos que son resultado de la necesidad de protección de las niñas, niños y adolescentes en el ámbito nacional e internacional tales como la Convención sobre los Derechos del Niño, cuyo objetivo es proteger al niño contra toda forma de explotación y abuso sexual; la Convención sobre la Eliminación de toda Forma de Discriminación contra la Mujer (CEDAW, por sus siglas en inglés), y la Convención Interamericana para Prevenir, Sancionar y Erradicar la Violencia contra la Mujer (Convención de Belém do Pará); la Convención de los Derechos de las Personas con Discapacidad, la cual reconoce que las mujeres y las niñas con discapacidad están expuestas a un riesgo mayor de ser víctimas de abuso, por lo que obliga a su protección; la Ley General de los Derechos de Niñas, Niños y Adolescentes; la Ley General de Acceso de las Mujeres a una Vida Libre de Violencia; la Ley General para Prevenir, Sancionar y Erradicar los Delitos en Materia de Trata de Personas y para la Protección y Asistencia a las Víctimas de estos Delitos, entre otras.

De acuerdo con lo anterior, la legislación es uno de los medios tradicionales con que cuenta el Estado mexicano para combatir esta grave problemática y garantizar los derechos inalienables de los ciudadanos, especialmente en las etapas mas vulnerables de su vida.

A la par, las instituciones del Estado mexicano hemos desarrollado recientemente instrumentos de análisis que nos permiten ser más contundentes al detectar, contener y perseguir delitos, ya que muchos de ellos dejan un rastro financiero tras de sí que puede desenmascarar la compleja arquitectura del crimen organizado.

En este sentido, en el ejercicio de mis funciones, en la Unidad de Inteligencia Financiera he abordado un tema que viola derechos fundamentales y atenta contra la dignidad humana, además de ser profundamente doloroso: la trata y el tráfico de personas. Es una actividad ilícita que no bastando con coartar las libertades de los seres humanos, representa una de las economías ilícitas que más ganancias genera a nivel mundial.

Considero oportuno presentar aquí un ejercicio que ejemplifica la forma de coadyuvar de la UIF en el combate de estas conductas.

Dentro de las facultades de la UIF está la de analizar operaciones financieras y actividades vulnerables que pudieran derivar de este delito. Esto mediante un análisis de riesgo y minería de datos que permita detectar operaciones de trata. La metodología para efectuar el análisis de riesgo es la siguiente:

- Se realiza un monitoreo continuo de los reportes de operaciones inusuales que recibe el sistema financiero al 24 agosto de 2020, relacionadas en las modalidades de trata de personas, adopción ilegal, esclavitud, explotación sexual, corrupción de menores, tráfico de órganos y explotación laboral. Su rastreo se lleva a cabo mediante minería de texto, para lo cual se utilizan expresiones lógicas con patrones o palabras clave relacionadas con el delito y se clasifican por tipo de modalidad. Es un proceso semiautomático que finaliza con una revisión exhaustiva que garantice la precisión de la coincidencia.
- Se genera una distinción para clasificar si el delito se vincula con niños, adolescentes o menores de edad en general.
- Se buscan reportes relacionados con explotación sexual de menores de edad reportados durante el periodo de pandemia por Covid-19; que provenga de redes o sujetos dedicados a la actividad ilícita, con operaciones que van del 16 de marzo al 24 de agosto.
- Los sujetos identificados con al menos un reporte de operación inusual en el que se encuentra una relación con el delito de trata se buscan en el Modelo de Riesgo para Lavado de Dinero (Modelo de Riesgo Global). Este modelo genera una calificación que incluye información financiera y de actividades vulnerables (Avisos) con más de 245 variables o indicadores de riesgo en términos de lavado de dinero sobre el perfil del sujeto, indicadores derivados de tipologías o esquemas de riesgo, operaciones financieras y no financieras, vínculos y temporalidad de las operaciones. La calificación del Modelo de Riesgo Global es el instrumento utilizado por la UIF para priorizar el análisis operativo

de los sujetos de manera proactiva y se actualiza periódicamente con la nueva información.

Otra manera de identificar a sujetos de riesgo es de forma reactiva a partir de sujetos ya identificados previamente con elementos de alerta sobre delito por alguna autoridad o fuente externa. Los sujetos son cruzados con las bases de datos disponibles y su calificación se identifica en el Modelo de Riesgo Global para dar una prioridad de análisis de los objetivos o de sus relacionados.

En ese contexto, se determinaron 1 889 reportes de operaciones inusuales relacionadas con delito en las modalidades de trata de personas, adopción ilegal, esclavitud, explotación laboral, explotación sexual, corrupción de menores y tráfico de órganos, de las cuales 363 están relacionadas con menores de edad.

Los reportes de operaciones de trata de menores y otros, por año de operación, se presentan a continuación:

Año	Menores	Otros	Total
Anterior	17	60	77
2010	10	22	32
2011	16	46	62
2012	19	83	102
2013	22	118	140
2014	22	204	226
2015	66	106	172
2016	18	113	131
2017	31	186	217
2018	37	180	217
2019	69	341	410
2020	36	67	103
Total	363	1526	1889

Respecto a la explotación sexual en general, los reportes del sistema financiero de operaciones relacionadas con explotación sexual de menores y otros, por año de operación, arrojan los siguientes resultados:

Modalidad	Menores	Otros	Reportes
Trata de personas	16	1 017	1 033
Explotación sexual	250	419	669
Explotación laboral	36	27	63
Corrupción de menores	57	0	57
Tráfico de órganos	1	48	49
Adopción ilegal	3	13	16
Esclavitud	0	2	2
Total	363	1 526	1 889

La trata de personas se incrementó en 2016, 2017 y 2018; a pesar de que en menores se mantuvo baja durante 2016, mostró un aumento en 2017, 2018 y 2019. En relación con los reportes de explotación sexual de menores durante la pandemia, del 16 de marzo al 24 de agosto de 2020 se identificaron 14 reportes de operaciones relacionadas con la explotación sexual infantil vinculadas con redes o sujetos dedicados a la actividad ilícita. De estos reportes, ocho están relacionados con pornografía infantil.

A partir de estos datos, la UIF además de ocuparse del tema financiero se ha dado a la tarea de dar especial asistencia a estos casos, atendiendo de manera personalizada cada uno de ellos, brindando acompañamiento integral a víctimas y proporcionando información sobre instituciones a las que pueden acudir para recibir apoyo psicológico y legal en caso de requerirlo así.

Finalmente, esta compilación nos deja una enorme tarea como ciudadanos, pero sobre todo como seres humanos, pues debemos de proteger a la infancia desde la familia hasta las políticas públicas de prevencion de violencia sexual que los gobiernos generen para ello. Es imprescindible hacer conciencia sobre los grandes temas pendientes como la prevención de conductas abusivas con programas de capacitación y técnicas para padres, instituciones educativas con programas que procuren asegurar el sano desarrollo de los menores y reformas legislativas que eviten dichas conductas y las sancionen en su justa medida para garantizar a toda niña, niño y adolescente un derecho fundamental: el derecho a la felicidad.

Por todo ello me parece indispensable la lectura de esta obra, pues pone de manifiesto el estado actual de este tipo de delitos, la relevancia del conocimiento de estas conductas tiene la finalidad de que, de manera conjunta, instituciones y sociedad civil realicen acciones encaminadas hacia la prevención para hacer frente a este "monstruo de mil cabezas", como atinadamente lo llama la autora.

Dr. Santiago Nieto Castillo
titular de la Unidad de Inteligencia Financiera
de la Secretaría de Hacienda y Crédito Público

Introducción

Tienes en tus manos las voces y los gritos de auxilio de cinco millones de niñas, niños y adolescentes víctimas del crimen de violencia sexual infantil.

Ellas y ellos nos necesitan urgentemente, es tiempo de romper el silencio y acabar con los secretos y la impunidad, es tiempo de fortalecer la prevención y acompañar a las víctimas. Las niñas y los niños no tienen partido, pero sí te necesitan a ti, a mí y a muchos otros para replicar sus voces y colaborar con el mayor de nuestros compromisos: tener acceso a una vida sin violencia, con derecho a la paz, con derecho al respeto, con derecho al amor y a la felicidad.

En estas páginas encontrarás uno de los mejores programas de prevención sexual que existen en México. Asimismo, podrás acompañar a las víctimas que, con coraje y valor, nos comparten sus historias. Aprenderás la forma de ayudar a quienes ya han sufrido este terrible crimen que puede destruir su vida durante décadas, y en ocasiones para siempre.

Tienes razón al afirmar que ésta es una horrible realidad, porque así lo es, pues el silencio, el miedo, la ignorancia, la injusticia, las malas leyes, una cultura patriarcal y machista, la impunidad, entre muchas otras causas, han fortalecido a los criminales y han abandonado a las víctimas.

Te invito a continuar con esta lectura, a que no cedas ante el dolor de estos testimonios y realidades, pues de lo contrario, el temor seguirá protegiendo a los criminales. Te invito a que escuches las voces de quienes por años guardaron silencio y que por fin han decidido hablar fuerte y alto en estas páginas. Te invito a conocer buenas prácticas, caminos de prevención y acompañamiento para las víctimas, que con urgencia deben de conocerse y difundirse.

Tómate un respiro en la página que lo necesites, pero, por favor, no dejes de leer, porque una sociedad que destruye a sus niñas y niños se destruye a sí misma de manera irremediable, pero una sociedad que los protege y exige y trabaja para que tengan una vida sin violencia, sin miedo, con derecho al amor, a la educación, a un sano desarrollo integral, a ser felices y a construir sus sueños tendrá por delante un próspero presente y, en especial, un futuro en el cual la paz y la legalidad serán la norma y no la excepción.

Te invito a convertir este libro en un nuevo principio para la construcción de la paz y para garantizar a millones de niñas, niños y adolescentes una vida libre de violencia.

"No, señora, lo que hizo su hija no es monstruoso, ni es pecado ni es anormal, no necesita terapia, sólo está explorando y experimentando su sexualidad como muchos niños y niñas de su edad, la que necesita venir a terapia es usted."

Una, dos, tres terapias solamente; pero una noche se asomó Aurelio, rompiendo mi sueño, el vecino que había robado mi infancia hacía 30 años. Entonces comprendí la pesadilla que me había perseguido toda la vida, pero nunca tan vívida y tan clara como aquella noche. Sí, él había abusado de mí cuando tenía apenas 3 o 4 años. Fin de la terapia. "No se preocupe, señora, sólo fue eso, no hay nada más."

Veinte años más tarde, en el ejercicio de mi trabajo, la pesadilla regresó, y me di cuenta de que sí había de qué preocuparme, que no sólo era eso, sino que me habían robado mis sueños, que me habían roto para siempre, porque nunca pude ser una niña o una mujer plena. Siempre temerosa, siempre

18

desconfiada, siempre antisocial, siempre obediente, siempre sumisa, siempre combatiendo mis náuseas para cumplir con mis "obligaciones" de esposa. Las secuelas, como en miles de niñas y niños, fueron para siempre. Aquí estoy, 50 años después, viendo pasar mi vida, una vida de abuso y de maltrato, sumergida en un silencio lacerante en el que aprendí a conducirme sin importar cuán grande o pequeña fuera la vejación. Aquí estoy, dando respuesta a muchos porqués de mi vida.

La violencia sexual infantil es un monstruo de mil cabezas que amenaza la vida de nuestras niñas, niños y adolescentes en todos los lugares que habitan, en todos sus mundos, comenzando desde su propio hogar, el cual puede convertirse en el peor de los infiernos.

Este crimen es mucho más común de lo que imaginamos, sobre todo en un país con una arraigada cultura patriarcal, cuyas expresiones y comportamientos machistas y misóginos cobran toda su fuerza, abuso y atrocidad.

Después de que un vecino me violó, mi hermano mayor quiso abusar de mí también, pero no me dejé y fui a acusarlo con mi mamá: "¡Mentirosa!, cómo puedes decir algo así". Quise intentarlo con mi papá, pero la respuesta fue peor, me abofeteó; cómo podía ser capaz de levantarle esas falsas historias a su primogénito.

Los testimonios se multiplican sin que haya cifras exactas, pues la violencia sexual es un crimen que cuenta con al menos tres grandes aliados: por un lado, el silencio y la secrecía; por otro, una casi absoluta impunidad y, por supuesto, el miedo, ese miedo que sienten las víctimas a ser juzgadas, a creer que son culpables, y ese otro miedo a que no les crean e incluso a ser objeto de mayor violencia, estigmatización y rechazo.

A mí me violó mi abuelo, tenía 8 años, no podía decir nada, no podía "destruir" a mi familia. ¿Cómo podía explicarle a mi mamá lo que su papá me hacía? Nadie me creería, y si lo hacía, de sólo imaginar la reacción de mi abuela, mis tíos y mis primos preferí guardar silencio por mucho tiempo; no fue sino hasta 25 años después cuando él, estando en su lecho de muerte, me dijo, "Hija, perdóname, por favor, perdóname, ve y diles a todos que fui un hijo de la &%&=! y platícales lo que hice, que vean que fui un monstruo, y no el hombre que todos pensaron que era". Lo hice en su velorio, pensando que con ello podría alcanzar un poco de paz, pero no, no lo conseguí.

"Por favor, también escriba sobre la pornografía infantil en redes", me pide la mamá de una joven adolescente con lágrimas en los ojos. "Nuestros hijos y nosotros como padres nunca podremos volver a dormir igual… El video está ahí, agazapado, esperando a que lo busquen para repetirse una y otra vez." Cuando la foto o el video permanecen en las entrañas de internet poco o nada se puede hacer, pues los ciberpedófilos que se encargan de viralizarlo se encuentran en todo el mundo.

Hoy en día los videos y las imágenes en internet se han multiplicado de manera abrumadora. El año pasado en Estados Unidos los cálculos de las visitas a estos contenidos ascendían a más de 70 millones y sigue en constante aumento; a pesar de que empresas como Facebook o Google han tratado de frenarlo limitando y denunciando estos contenidos, es cierto que hombres y mujeres que encuentran satisfacción en estos materiales emigran a otras plataformas como Zoom o algunas otras en vivo porque son más difíciles de rastrear (Keller, 2020).[1]

[1] Disponible en «https://www.nytimes.copm/2020/02/07/us/on line-child-sexual-abuse.html».

Durante esta etapa de confinamiento, alumnos de instituciones educativas como la Universidad Nacional Autónoma de México (UNAM) solicitaron que las clases en línea se dieran en una plataforma diferente a Zoom, pues los ciberdelincuentes sexuales han intervenido las sesiones y han subido pornografía a éstas.

Entre marzo y abril del año 2020 hubo un incremento de 73% en los reportes de pornografía infantil, reveló Radamés Hernández Alemán, director del Centro de Respuesta de Incidentes Cibernéticos de la Dirección General Científica de la Guardia Nacional (*Reporte Índigo*, 2020).[2]

Un estudio realizado por el Instituto Nacional de las Mujeres (Inmujeres)[3] destaca que durante 2016 en México 4.5 millones de niñas, niños y adolescentes de 12 a19 años habían sido víctimas de ciberacoso.

De acuerdo con el Unicef,[4] el ciberacoso es un tipo de acoso o intimidación gestado por medio de las tecnologías digitales en redes sociales, juegos, teléfonos móviles y correos electrónicos. Durante las últimas décadas, las niñas, niños y adolescentes han estado en constante peligro de ser víctimas de esta práctica.

El *sexting*, práctica que consiste compartir fotografías y mensajes de texto de contenido sexual entre adolescentes, también se ha incrementado de manera alarmante; este tipo de contenido también puede terminar difundiéndose inadecuadamente o ser utilizado como forma de acoso o extorsión.

Otro de los delitos ante los cuales debemos de mantenernos alerta es el llamado *grooming*. La organización Save The Children

[2] Disponible en «https://www.reporteindigo.com/reporte/pornografía-infantil-en mexico-crece-73-por-ciento-durante-pandemia-porcovid-19/».

[3] Instituto Nacional de las Mujeres (Inmujeres, 2016), Desigualdad en cifras. Recuperado de «http://cedoc.inmujeres.gob.mx/documentos_download/BoletinN7-2016.pdf».

[4] Unicef, "¿Qué es ciberacoso?" Recuperado de «https://www.unicep.org/esend-violence/ciberacoso-que-es-y-como-detenerlo».

define esta práctica como acoso y abuso sexual *online*, en la cual un adulto se pone en contacto con un niño, niña o adolescente con el fin de involucrarse en una actividad sexual. El acosador, a base de engaños, busca obtener satisfacción sexual, y puede utilizar la extorsión cuando es descubierto. "Los chicos y las chicas no son conscientes del peligro, normalmente no identifican el problema al principio y se percatan de ello cuando la situación ya es grave. Al presentarse amenazas o extorsión, entonces piden ayuda y nos llaman o acuden a sus padres", afirma Diana Díaz, directora de las líneas de ayuda de la Fundación ANAR.

En muchas ocasiones, el acoso en línea es más eficaz y se presenta de forma anónima, ya que los niños confían más fácilmente en un "amigo" en línea que en alguien que acaban de conocer "cara a cara". Las redes sociales son el medio más común que los *groomers* utilizan para llevar a cabo estas prácticas.

Es urgente dar voz a miles de niñas, niños y adolescentes víctimas de violencia sexual infantil, así como visibilizar este terrible crimen, que en el silencio, la impunidad y el miedo ha encontrado sus mejores cómplices.

Por ello, hice una invitación a mujeres y hombres a escribir al respecto a través del ejercicio de su profesión, asociaciones, fundaciones y de sus propias experiencias de dolor y de enorme resiliencia y valentía. Ellas y ellos están comprometidos con la prevención y el combate de este crimen que hoy destruye la vida de cerca de cinco millones de niñas, niños y adolescentes, y que por sí mismos conforman la población de un país entero como Uruguay.

Agradezco a un gran experto, Moisés Laniado, de la Comunidad Judía de México, quien nos ha acompañado con su extraordinario equipo en diversos foros que ha organizado la Comisión de los Derechos de la Niñez y de la Adolescencia en el interior de la República Mexicana, la aportación de los capítulos 1 y 10.

Moisés nos invita a dejar dejar de ignorar "la realidad de que la violencia sexual infantil existe en nuestra sociedad y que los mecanismos existentes para enfrentar este problema no están funcionando". Asimismo, nos comparte algunas acciones para prevenir y enfrentar la violencia sexual infantil fortaleciendo el papel que padres y maestros juegan en la tarea elegida y obligada de educar y proteger a niñas, niños y adolescentes.

Reconozco y agradezco la generosidad de la maestra Katina Medina Mora, quien con valentía nos comparte su testimonio de vida en el capítulo 2, "La luz al final del túnel, una esperanza para tod@s", ofreciendo una palabra de aliento a miles de víctimas de violencia sexual infantil.

"Hablarlo es reconocerlo y reconocerlo es el inicio de sanarlo." Sin duda, salir de una situación de abuso sin hablarla es bastante difícil; por ello, invitamos a padres, maestros y cuidadores a estar pendientes de niños, niñas y adolescentes, porque la violencia sexual infantil "es una sombra que no se va, que no tienes que pensarla, sino que vive en ti", afirma la maestra Medina Mora.

Agradezco también a otra gran especialista, la licenciada María Cecilia López, por compartirnos en el capítulo 3, "Violencia sexual contra los niños y adolescentes" su larga experiencia en la detección de abuso a infantes a través de los gráficos como método de diagnóstico y abordaje.

Tal como nos lo comparte en su texto, estas "vivencias traumáticas suelen dejar a la víctima en estado de *shock* y perplejidad, sin saber cómo reaccionar, ni cómo defenderse". Por ello, a través de estos gráficos algunas víctimas rompen con ese "pacto de silencio (explícito o subliminal) [...] que impone el agresor sexual para asegurarse que nunca será delatado", afirma la especialista.

Mi agradecimiento y mi reconocimiento también a la invaluable tarea de la directora general de Guardianes A. C., la licenciada María del Rosario Alfaro Martínez, quien con sensibilidad nos exhorta en el capítulo 4, "Violencia sexual en la primera infancia", invitándonos a que todos seamos guardianes y juntos prevengamos el abuso sexual infantil, y así cuidemos y promovamos que nuestros infantes tengan un desarrollo pleno y sano.

"Los niños y las niñas que reciben un buentrato tienen un cerebro sano que incluso se desarrolla físicamente a un tamaño adecuado; en cambio, el cerebro de los niños en negligencia puede ser de menor tamaño", afirma la licenciada Alfaro Ramírez, quien más adelante advierte que si se tiene una experiencia traumática que genere amnesia y/o desconexión dentro de la primera infancia, puede desarrollarse un daño neurológico, fisiológico, social y de percepción... "lo más grave es que se daña la percepción del propio 'yo' ".

De igual forma, agradezco a la doctora Denise Meade Gaudry, que con gran valor y claridad nos comparte sus conocimientos y experiencia en el capítulo 5, "La violencia sexual infantil y su acompañamiento desde el ámbito psicológico".

"Generalmente, el abuso sexual infantil se presenta en comorbilidad con otros tipos de maltrato, como puede ser el psicológico, la negligencia, el emocional o el físico [...] La repercusión del impacto de la conducta abusiva sexual a un menor se percibe en su conducta, en su malestar emocional y psicológico, así como en su vida social y en ocasiones en su cuerpo." Éstos son, entre muchos aspectos más, algunos temas que la doctora Meade aborda en su capítulo.

La contención y el control del engaño pederasta conocido como *grooming,* así como la práctica del *sexting* son abordados en el capítulo 6 por la licenciada Liliana Mora Espinoza, a quien aprecio y agradezco por su participación en este libro. El capítulo "tiene como objetivo identificar los peligros a los que se exponen niñas, niños y adolescentes en esta era digital. Si bien es cierto que la tecnología y el acceso a internet son parte de la vida y que abren grandes ventanas de comunicación, aprendizaje, cultura, innovación y entretenimiento, también dejan en desventaja a las nuevas generaciones frente a los cada vez más elaborados planes con que los agresores sexuales los engañan a través de internet".

Los aspectos médicos del abuso sexual en la infancia y la adolescencia son abordados en el capítulo 7 por la doctora Josefina Lira Plascencia, coordinadora de la Unidad de Investigación en Medicina de la Adolescente, y el doctor Francisco Ibargüengoitia Ochoa, del Departamento de Obstetricia del Instituto Nacional de Perinatología "Isidro Espinoza de los Reyes", a quienes agradezco profundamente la generosidad de compartirnos su experiencia y conocimientos en el abordaje del abuso sexual infantil.

Estos especialistas apuntan que "con frecuencia, la atención médica o psicológica se da por situaciones aparentemente no relacionadas con el evento de abuso, entre las cuales se incluyen: alteraciones de la conducta del menor, presencia de vulvo-vaginitis, una infección de transmisión sexual, lesiones genito-anales, embarazo y/o la sospecha de un familiar". De igual modo, explican que "el médico deberá de contar con un conocimiento basal sobre lo que se considera un desarrollo sexual normal para evaluar de forma apropiada un comportamiento anormal que pueda estar asociado con abuso sexual".

Agradezco a la licenciada María Beatriz Müller, autora, fundadora y presidenta de Salud Activa, una asociación civil argentina, el tiempo para compartirnos su larga experiencia en el capítulo 8, "La ruta crítica del abuso sexual contra los niños y el rol del adulto protector", en el cual nos comparte múltiples afirmaciones como:

Primero se dijo que eran fantasías de los niños y las niñas; luego, como esto no se pudo sostener ante los avances de la ciencia, se teorizó sobre la capacidad o incapacidad de recordar de los niños y niñas, y también sobre la mentira, tanto de los infantes como de sus adultos protectores. Cuanto más se hace la luz sobre la victimización de los niños y niñas, surgen con mucha fuerza movimientos en contra, para descalificar su palabra, revictimizar a los pequeños y a todas las personas que deciden creerles.

Esta situación tiene una historia que se remonta a la década de los años ochenta, cuando en Estados Unidos un médico llamado Richard Gardner, testigo experto en los casos de custodia conflictiva, construyó una seudoteoría que llamó síndrome de alienación parental (SAP o PAS), cuyo objetivo principal era la defensa de padres acusados de incesto o violencias graves. Esta invención le permitió a la justicia norteamericana obtener una justificación para la cantidad enorme de casos de incesto y graves violencias que estaban llegando a sus estrados.

Agradezco, la aportación del maestro Marcos Pérez Esquer, catedrático de la Universidad La Salle, por compartir, como señala el título del capítulo 9, "Una mirada jurídica a la violencia sexual contra niñas, niños y adolescentes", en el cual, desde el ámbito del derecho, aborda el fenómeno de la violencia sexual contra niñas, niños y adolescentes, situación que "reviste una importante complejidad que deriva del hecho de que esa noción no ha sido del todo definida como un concepto, institución o categoría jurídica, y ni siquiera como un tipo penal concreto; es más bien un concepto propio de la psicología, de la sociología e incluso de la medicina que refiere, en términos generales, a 'cualquier clase de placer sexual con un niño por parte de un adulto desde una posición de poder o autoridad. No es necesario que exista un contacto físico (en forma de penetración o de caricias insanas) para considerar que existe abuso, sino que puede utilizarse al niño como objeto de estimulación sexual; se incluye aquí el incesto, la violación, la vejación sexual (manoseo a un niño con o sin ropa, alentar, forzar o permitir a un niño que toque de manera inadecuada al adulto) y el abuso sexual sin contacto físico (seducción verbal, solicitud indecente, exposición de órganos sexuales a un niño, exponerlo a pornografía)', etcétera".

Finalmente, abrazo con agradecimiento a la doctora Priscila Rebeca Salas Espinoza, a Elva Leticia Cuenca Núñez, a ÑeÑe y a Marce Casman por su valentía y generosidad para compartirnos sus historias de vida.

A todas y todos les agradezco profundamente su compromiso, trabajo y disposición invaluable.

Es tiempo de romper el silencio, es tiempo de actuar, y es urgente hacerlo juntos, pues como apunta Mirko Badiale: "En cada niño se debería poner un cartel que dijera: Tratar con cuidado, contiene sueños".

LIC. JOSEFINA VÁZQUEZ MOTA

De niña a mujer: violencia sexual, una experiencia siempre presente

DRA. PRISCILA REBECA SALAS ESPINOZA

Somos diversas, tenemos diferentes gustos, pasiones, pasatiempos, vivimos en lugares con distintos climas o geografías. Sin embargo, cuando conversamos unas con otras en distintos escenarios y lugares, vemos, lastimosamente, que la experiencia de violencia es una vivencia que atraviesa la vida de todas las mujeres de cualquier edad o grupo social. Todas tenemos una experiencia de violencia que inmediatamente nos hace empatizar entre nosotras.

> Cuando las historias son contadas individualmente nos conmueven, se hacen visibles, toman forma en el cuerpo de una niña, adolescente o mujer que nos recuerda a nosotras mismas, vulnerables, en llanto, con miedo, queriendo olvidar.
>
> Por eso es importante hablar y contar, para que todas sepamos lo común que es esta dolorosa vivencia, para abrazarnos y sanarnos.

Las denuncias públicas sobre violencia sexual a raíz del movimiento #Metoo y #MiPrimerAcoso han visibilizado la realidad de esta experiencia, dolorosa para nosotras. La violencia sexual puede iniciar en la infancia y es posible que nosotras la experimentemos en diferentes intensidades a lo largo de nuestra vida.

En la colectividad de esta experiencia muchas veces preferiríamos imaginar ilusamente que son más las denuncias falsas, que ese 4% que representa a quienes no acreditaron una denuncia o la desecharon por cientos de razones, entre ellas el miedo, está mintiendo.

Pero cuando las historias son contadas individualmente nos conmueven, se hacen visibles, toman forma en el cuerpo de una niña, adolescente o mujer que nos recuerda a nosotras mismas, vulnerables, en llanto, con miedo, queriendo olvidar.

Por eso es importante hablar y contar, para que todas sepamos lo común que es esta dolorosa vivencia, para abrazarnos y sanarnos, pero también para cuidar a otras y tener conciencia de que sufrir violencia sexual es una experiencia de género que nos atraviesa a todas, que se vive de diferentes modos a lo largo del ciclo vital de una mujer y que puede surgir desde la concepción y continuar hasta su muerte...

Concebida por violación

Mi madre vivía atormentada porque había fracasado en su vida. Ella había salido del seminario, había estudiado para ser pastora en una iglesia y después no quiso seguir en ella, así que se fue a Tijuana a trabajar como sirvienta. Ahí consiguió empleo con una familia que necesitaba que ella se quedara en el hogar, y por ello tenía su propia habitación. El señor de la casa tenía hoteles en aquella ciudad, y al parecer estaba acostumbrado a pensar que las mujeres en su casa también eran de su propiedad, al más puro estilo del *pater familias* en el Imperio romano.

Una noche de sábado, borracho, se metió a la habitación y *se hizo* de mi madre. Ella quedó embarazada.

Descubrí esta historia cuando le pregunté a mi mamá cómo había nacido yo. Después de aquella noche, perdió su empleo, su cordura, a sus amigas y su familia la señaló.

El recuerdo más temprano que tengo es de cuando la visitaba en el hospital psiquiátrico de Hermosillo; tenía como 3 años. Estuvo internada ahí, pues padecía una depresión profunda, dejó de comer y fumaba de forma tan compulsiva que ya tenía las uñas de los dedos de las manos manchadas de nicotina. Se quería morir, pero había una hija que mantener y cuidar, ya que nadie más lo haría. Era su hija, su responsabilidad.

El recuerdo más temprano que tengo es de cuando la visitaba en el hospital psiquiátrico de Hermosillo; yo tenía como 3 años. Estuvo internada ahí, pues padecía una depresión profunda, dejó de comer y fumaba de forma tan compulsiva que ya tenía las uñas de los dedos de las manos manchadas de nicotina. Se quería morir, pero había una hija que mantener y cuidar, ya que nadie más lo haría. Era su hija, su responsabilidad. Han pasado casi 50 años de aquello y aún no lo supera. Mi madre sigue sufriendo, y cuando me ve, sigue sin quererme. Yo la entiendo, la quiero, la cuido, pero es difícil.

El primer acoso

Crecí en un barrio pobre de la ciudad, donde mucha gente consumía drogas y la mayoría de las familias eran de pescadores. Había mucha violencia intrafamiliar y sexual. Uno de mis vecinos, específicamente el que vivía detrás de mi casa, era un violador serial (estoy segura de que incluso había violado a sus hijos).

Muchas de las niñas con las que jugaba en ese barrio fueron abusadas sexualmente por él o por algún familiar. No era extraño que alguien a tu alrededor te acosara, te dijera majaderías u obscenidades aun siendo una pequeñita. Sin embargo, nosotras, las niñas de la casa, nos salvamos. Y sólo fue porque mi prima era brava y no se dejaba. Ella le entraba a los golpes con cualquiera y en mi casa había un arma registrada. Un día escuché decir a uno de los vecinos: "Con esa morrita no te metas porque la prima te va a chingar".

Tengo un recuerdo que veo como en una película a color de cuando era pequeña, como de 5 años. Era un día soleado, debió ser fin de semana porque eran como las 11 de la mañana y yo estaba brincando y corriendo por el barrio, pero cerca de mi casa. Entonces, uno de los vecinos, un chico de unos 17 años (me acuerdo perfectamente de su nombre), se sentó junto a otro debajo de un árbol.

Me detuve un momento porque uno de ellos me preguntó cómo se decían algunas palabras en inglés, mi prima nos enseñaba lo que ella sabía. El chico de 17 años se bajó el cierre del pantalón y al tiempo que comenzó a masturbarse me preguntó: "¿Y cómo se llama ésta?", y me mostró su pene.

El otro chico le reclamó: "¿Por qué haces eso?, ella está chiquita". Yo me quedé mirando con los ojos muy abiertos, y muy asustada. Recuerdo que me quedé paralizada, me temblaban las piernas. Cuando logré reaccionar, me fui corriendo de ese lugar. Nunca se lo conté a nadie, sólo me quedé con eso en la memoria.

Siempre que lo repensaba sentía mucha vergüenza, una sensación de miedo, incomodidad y temblor en las piernas. Así fue durante muchos años, hasta que comencé a reflexionar sobre la experiencia y a darme cuenta de que yo no había hecho nada, que no era mi culpa ni mi responsabilidad. Ahora ya puedo hablar con libertad de esto y decir que ésa fue mi primera experiencia de acoso… Tristemente no fue la última.

El acoso en la universidad

Volví a la universidad después de cuidar a mis hijas y pagar el impuesto reproductivo. Me inscribí a la licenciatura de mis sueños en la escuela de mi ciudad. Sobra decir que no era ninguna jovencita, así que había cosas que no esperaba que me sucedieran durante la carrera.

El docente no disimulaba cuando yo pasaba a exponer al frente. Las compañeras siempre comentaban que el profe no le quitaba la vista a mi trasero. Un día decidió avanzar, así que calificó con un bajo puntaje un trabajo mío de la materia que él impartía. No es por nada, pero hasta ese día, a unos meses de terminar la licenciatura, no había tenido problema alguno con las calificaciones, pues hasta esa fecha había obtenido el mejor promedio de la generación.

Le pedí al maestro una revisión de la calificación y la oportunidad de subirla haciendo un trabajo extra para conservar la excelencia, pues con el ocho que me había puesto había bajado tres centésimas y ya no conservaba el primer lugar. Así que un día fui a su oficina y le propuse entregar el mismo trabajo corregido o ampliado, o hacer uno complementario. El maestro insistió en que no se podía y que le gustaría que le hiciera otra

> Esta universidad estatal es actualmente un foco de violencia sexual, acoso y hostigamiento para alumnas que cursan el bachillerato, la licenciatura o cualquier posgrado. Además, este tipo de acoso se da también en el ámbito laboral; sin embargo, las instancias que deben de prevenir, sancionar y erradicar esta clase de prácticas son omisas y anuentes.

propuesta (si no se podía, ¿para qué pedía otra propuesta?), y como no la hice, la calificación se quedó igual, perdí la oportunidad del mérito; muchos meses después entendí qué era lo que él deseaba. A partir de ahí el docente comenzó una campaña de desprestigio contra mí, le dijo a su esposa no sé qué cosas y ella también empezó a acosarme. A todos en la escuela les decía que yo era una puta. La persecución siguió por años, aun hasta el doctorado, en el cual la esposa pidió que no me aceptaran porque ella casi se divorciaba por mi causa (¡!).

Esta universidad estatal es actualmente un foco de violencia sexual, acoso y hostigamiento para alumnas que cursan el bachillerato, la licenciatura o cualquier posgrado. Además, este tipo de acoso se da también en el ámbito laboral; sin embargo, las instancias que deben de prevenir, sancionar y erradicar esta clase de prácticas son omisas y anuentes.

Toda la vida, todas las edades, todos los cuerpos

Quise escribir la experiencia de violencia sexual no sólo como algo que puede sufrirse en la infancia, aunque es cierto que puede iniciarse en esas edades primeras, marca y lastima en cualquier etapa.

Por ello, es de capital importancia la prevención, sanción y erradicación de este tipo de prácticas. Conceptualizar la violencia sexual como una experiencia transversal a las personas vulnerables por edad o por género nos capacita para comprender el alcance del problema sociológico y estructural con el que se lidia.

La naturalización y normalización de estas prácticas es abrumadora, la agenda social que contiene ese tipo de temáticas de conversación está aún muy orientada a la invisibilización, y a presentarlas, aun en personas menores, como mediadas por el consentimiento.

Lo anterior provoca que el estigma social, el dolor y la responsabilidad sean depositadas en quien sufre las consecuencias de estas agresiones. De ahí que, además de ser víctimas de delitos, sean revictimizadas una y otra vez.

Visibilizar hablando, escuchando, escribiendo, distribuyendo datos estadísticos, haciendo públicas las características de esta violencia y mostrando estas prácticas como un delito nos ayuda porque cambia el sentido de la conversación, responsabiliza a los agresores y libera a quienes, como yo, lo han sufrido en carne propia.

Escribirlo deja una huella palpable de nuestra historia... nos humaniza. Gracias por darnos la oportunidad de ser humanas y dignas.

CAPÍTULO 1

La violencia sexual infantil en la familia y en la escuela

Moisés Laniado
Comunidad Judía de México

*Se necesita toda una comunidad para criar
a un niño, pero también se necesita toda
una comunidad para permitir la violencia
ejercida en su contra.*

Ya no es posible seguir ignorando la realidad de que la violencia sexual infantil existe en nuestra sociedad y que los mecanismos vigentes para enfrentar este problema no están funcionando.

Todas las investigaciones, anteriores y actuales, demuestran que la violencia, en todas sus expresiones, causa un enorme daño en el presente y el futuro de la víctima. Sin embargo, es el menor de edad quien sufre más que cualquiera, pues por su misma condición es más vulnerable al no contar todavía con los medios que los adultos tenemos para defendernos. De igual forma, carecen de las herramientas para analizar y comprender lo que les está sucediendo, lo cual provoca en ellos una confusión extrema sobre los aspectos fundamentales de su formación psicológica, emocional y social, es decir, del desarrollo de su propia personalidad.

Este capítulo busca arrojar un poco de luz sobre el tema y proponer algunas acciones para prevenirlo y enfrentarlo a través del fortalecimiento del papel que padres y maestros juegan en la tarea elegida y obligada de educar y proteger a los niños.

El niño, al nacer, llega a un pequeño mundo en el cual sólo unas cuantas personas, como los padres y hermanos, o en el caso de una familia extendida, los abuelos, tíos y primos, representan el todo. En él se forman vínculos primarios esenciales que le permiten desarrollar su personalidad, expresar sentimientos y emociones tales como el amor, la empatía y la confianza, esenciales para entender y relacionarse con sus semejantes y con el entorno.

Al crecer y comenzar a dar sus primeros pasos fuera del hogar, su mundo se amplía a la escuela, donde se da cuenta de que no es el único habitante de éste, sino que hay seres semejantes a él fuera de casa, y esto lo fuerza a hallar una forma efectiva de relacionarse con ellos. La fórmula encontrada por el niño en esta etapa será determinante para enfrentar todo tipo de relaciones en el futuro.

Las necesidades esenciales de un niño son: sentirse seguro, importante, aceptado y amado. La satisfacción de estas necesidades se ve realmente comprometida cuando se presentan factores desestabilizadores como el conflicto entre los padres, cambios de domicilio, ausencia de los padres, crítica constante o padres inseguros. Sin embargo, la violencia de todo tipo, y más aún la violencia sexual —por su característica repetitiva y de largo plazo— ejercida en un niño en esta etapa crucial de su vida genera una cadena de destrucción en la que una educación equivocada y represiva es garantía del silencio de la víctima.

> Las necesidades esenciales de un niño son sentirse seguro, importante, aceptado y amado.

En medio de la cena, Luisa, de 4 años, le dijo a su mamá que no le gustaba que José, la maestra de la escuela, la tocara debajo de sus calzones. La mamá, tratando de permanecer en calma, la llevó a un lado y le pidió a Luisa que describiera lo que no le gustaba. Luisa le contó que la maestra la llevaba a un cuarto al final del pasillo, y estando ahí, metía su mano dentro de sus calzones y jugaba con ella durante un rato. La maestra también se tocaba frente a ella. Luisa le había dicho a la maestra que no la tocara ahí, que eran sus partes privadas, pero ella le contestó: "Yo sé que de verdad quieres que te toque ahí". Luisa tenía miedo y no había comentado lo sucedido con nadie.

La madre llamó al director de la escuela, quien mostró empatía hasta que comprendió que su deber era reportar lo sucedido a la policía. Después de meses de reportes policiacos y evaluaciones psicológicas a su hija, los padres de Luisa la sacaron de ahí. La pequeña fue calificada como "inmadura" y con una "imaginación salvaje". Sus padres fueron acusados de ser "muy ansiosos", "histéricos" y de "hacer un escándalo por nada". El psicólogo —un experto y renombrado autor sobre el tema— fue considerado como "alarmista" y se puso en duda su profesionalismo. Luisa se traumó, y despertó por las noches a causa de las pesadillas y terror nocturno por más de un año. Sus padres fueron excluidos y abandonados por la sociedad, la escuela y la comunidad. Simplemente no podían creer que esto les hubiera pasado a ellos, pues siempre habían sido populares, exitosos y habían apoyado activamente a la escuela.

Cuando un niño sufre de violencia sexual repetida, significa que alguien mantuvo los ojos cerrados. La respuesta común de la sociedad ante la sospecha o el descubrimiento de violencia sexual a menores ha sido de negación, defensiva y disociativa. Para nadie es cómodo enfrentar la abrumadora y desestabilizadora realidad de la violencia sexual infantil. En los hogares y escuelas, la respuesta generalmente es de autoprotección. Se prioriza la imagen de la institución, del estatus familiar y del agresor, así como de acusaciones hirientes a la víctima, su familia y a lo mal que se manejó la situación. La victimización sexual de un menor depende del silencio de los adultos que saben o deben saber lo que sucede. La carga, la responsabilidad y la vergüenza van más allá del agresor, pues alcanza a directores, administradores, maestros, entrenadores y padres que no se sienten cómodos ante una interacción inapropiada con un menor, y que aun así mantienen un código de silencio para proteger a la institución, su relación personal con el agresor o su trabajo. Es importante notar que la ira y el enojo de las víctimas son, con frecuencia, dirigidos más hacia aquellos que fallaron al protegerlas que al agresor mismo. Esta resistencia a reconocer y luchar contra la violencia sexual infantil tan profundamente arraigada empodera a los agresores y coloca a los niños en una situación en extremo vulnerable.

Una premisa irrefutable es que, para solucionar un problema, la primera condición es reconocer que éste existe.

Se necesita toda una comunidad para criar a un niño, pero también se necesita toda una comunidad para permitir la violencia ejercida en su contra.

Mitos y realidades de la violencia sexual infantil

Los mitos son creencias populares que no cuentan con pruebas de su veracidad. En el caso de la violencia sexual infantil, forman parte importante de las causas que la hacen invisible a la sociedad.

Frecuencia

Tendemos a creer que los casos de violencia sexual a menores son excepcionalmente raros. Sólo les sucede a pocas personas. Sin embargo, demasiadas investigaciones demuestran que no es así y que en la mayoría de los casos son eventos prolongados y repetitivos que van desde unos cuantos meses hasta varios años después de iniciar.

Es un problema de pobres, ebrios y analfabetas

Pensamos que la violencia sexual infantil sucede sólo en estratos socioeconómicos bajos, con escasos ingresos, poca cultura y malos hábitos como el abuso de alcohol y de sustancias. Sin embargo, se ha demostrado que ocurre igualmente en todos los demás estratos, sin importar posición social, ingreso económico, cultura, religión o nivel educativo.

Los niños tienen demasiada imaginación

Las fantasías sexuales en la infancia son una realidad. En la primera etapa se enamoran del progenitor del sexo opuesto, imaginan e inventan historias sobre cómo nacen los bebés, ser varón no significa que no puedan embarazarse. Sin embargo, ni la imaginación más fecunda alcanza a sustentar escenas como la siguiente:

—¿*De qué querías platicar?*
—*De lo que no pude contarte el otro día. Mi papá me toca la cola, atrás y adelante, me baja los pantalones... me lo hace cuando mamá va al súper. Me hace hacer como una pareja.*
—¿*Cómo?*
—*Como la pareja, se acuestan en la cama, se dan besos en la boca, se tocan la cola...*
—¿*Desde hace cuánto tiempo?*
—*No sé, desde que tenía cinco.*

Lo más común es pensar que "no es posible, seguramente lo imaginó" o "debió haberlo visto en la televisión". Sin embargo, los niños desconocen los detalles precisos de la sexualidad adulta, por eso elaboran fantasías sobre el amor y los bebés. Cuando los niños expresan detalles específicos sobre el tema, detalles que no son acordes a su desarrollo sexual, es importante creer en el relato del niño, aceptar la posibilidad de que esté sucediendo y buscar la ayuda de un especialista. Si la persona que escucha el relato lo desestima, el niño permanecerá callado durante meses o años, permitiendo así que el agresor avance mientras el niño se hunde en la desesperanza.

Las niñas provocan a los adultos.
"Ella lo quería"

Es cierto que muchas víctimas presentan conductas hipersexualizadas; sin embargo, lo que realmente sucede es que han aprendido un modelo de intercambio en el que las conductas sexuales placenteras para el adulto son recompensadas con regalos, atención, muestras de cariño, preferencias o privilegios. A causa de lo anterior, las víctimas están convencidas de que sus actitudes sexualmente provocadoras les harán conseguir lo que desean. Este tipo de conductas siempre implica un aprendizaje previo e inadecuado.

En todo caso de violencia sexual infantil, estamos hablando de alguien que no cuenta con el desarrollo cognitivo suficiente para sopesar correctamente la situación y, por tanto, no posee las herramientas para decidir y dar su consentimiento, por lo que, aun cuando el menor acepte la relación sexual, no podemos considerar que es un consentimiento real, sino resultado de una manipulación del adulto agresor. El menor nunca es el culpable de la situación, el adulto es quien tiene los elementos de juicio y decisión y es él quien finalmente decide dañar a un niño para obtener su propia gratificación sexual.

No pasa nada, pronto lo olvidará,
es apenas un niño

Nada más falso. Aunque en un inicio no podamos notarlo, todas las investigaciones demuestran que los efectos y consecuencias

de la violencia sexual infantil llegan a ser extremadamente nocivos y de larga duración. Los estudios sobre el trastorno de estrés
postraumático (PTSD, por sus siglas en inglés) muestran que dicho
trastorno, cuando es causado por violencia infantil, requiere grandes esfuerzos y mucho tiempo para lograr que la víctima consiga
vivir una vida plena y con sentido. Diversos estudios han relacionado la violencia infantil con trastornos como el abuso de alcohol y sustancias, trastornos de la alimentación como anorexia y
bulimia con la enfermedad depresiva y las ideas suicidas, el síndrome de déficit de atención e hiperactividad, e incluso con enfermedades fisiológicas como hipertensión, diabetes y obesidad.

Muchos testimonios hablan de la dificultad para establecer relaciones afectivas profundas y de la búsqueda constante de relaciones
destructivas que repitan durante la vida el patrón de poder y sub-
yugación del episodio de violencia sufrido en la infancia.

¡Los hombres no son de hierro!

Nuestra cultura ha permitido una figura distorsionada del hombre, a quien muestra casi como un animal incapaz de controlar
sus instintos, y mucho menos los sexuales. De las películas de la
época de oro del cine mexicano hemos aprendido que el hombre
es el que manda, la figura de autoridad por excelencia. A causa
de esa posición se justifica en él un sinnúmero de acciones como
golpear a la mujer, hacer lo que quiera con su familia y, si está
sufriendo, con mayor razón puede llenarse de alcohol, ausentar-
se de casa o tener una amante. Si está enojado, incluso puede golpear por amor, y la mujer y los hijos deben de ver esto como una
demostración de su preocupación por ellos.

*Ella ya está crecidita; cuando me abraza, yo siento sus pechos,
y pues yo soy hombre y no soy de palo.*

No considero necesario añadir más al respecto.

¡Obedezca!

A nuestros hijos les hemos enseñado a obedecer a sus mayores, aun cuando no les guste. Desde el saludo, nos han enseñado a contestar "Mande usted", "Ande, dele un beso a su tía, que lo quiere mucho", "Porque soy tu padre y me obedeces", "No preguntes y haz lo que te digo". Esto daña la percepción y el instinto de los pequeños reduciendo sus posibilidades de defenderse.

La realidad es que:

- Una de cada cuatro niñas y uno de cada seis niños sufre o ha sufrido violencia sexual.
- Solamente uno de cada 10 casos se da a conocer.
- La víctima tarda en promedio de 15 a 20 años en hablar por primera vez de lo sucedido.
- Nueve de cada 10 casos suceden intrafamiliarmente o con conocidos de la familia que gozan de la confianza de ésta.
- Por lo general, la violencia sexual a menores sucede durante mucho tiempo. No es un evento aislado.

¿Por qué callan los niños?

Podemos comprender ahora que un evento de este tipo en la vida de un niño es terriblemente agresivo, confuso y destructivo.

Lo primero que debemos entender es que un suceso de esta índole no ocurre de la noche a la mañana, tomando al niño por sorpresa. Antes de violentar sexualmente a un niño, el agresor lleva a cabo una labor de seducción que inicia al elegir a su víctima, considerando la vulnerabilidad del menor. Una vez que la ha seleccionado, comienza a acercarse a ella, tratando de satisfacer las necesidades que ha detectado, con frases como "Yo te entiendo", "Sé cómo te sientes", "Solamente yo te comprendo". El agresor prosigue con el proceso aislando al menor de los demás para continuar con la erotización de la relación poco a poco hasta llegar a la violencia sexual sobre el menor. El agresor toma el control de la relación manteniendo una comunicación en secreto y aprovechando el "vínculo especial entre ellos", y finalmente llega hasta las amenazas para mantener oculto su comportamiento, "Tú lo querías";" Te gustó"; "Es nuestro secreto"; "Si cuentas lo que pasó, le haré daño a tu familia"; "Si cuentas lo que pasó, nadie te va a creer", etcétera.

Ahora podemos tener una idea de por qué los menores no hablan:

- Se sienten culpables.
- Sienten vergüenza.
- Sintieron placer.
- No saben exactamente lo que está pasando.
- Tienen miedo de destruir a la familia y causar problemas.
- Temen o aman al agresor.
- Piensan que nadie va a creer que lo que sucede es cierto.

Es realmente difícil para un menor resistirse al proceso de seducción. Mucho más difícil resulta comprender a plenitud lo que está sucediendo. Sin embargo, sabe instintivamente que algo no está bien. Pero entre esto y contar lo que ocurre hay un camino muy largo y amargo que recorrer.

¿Por qué callan las madres?

No es nuestra intención aquí encontrar culpables para ser juzgados, sino arrojar un poco de luz ante el proceso que vive la familia.

> "A mí no, eso nunca sucedería en mi casa", "¿Dónde estaba yo?", "Él sería incapaz de algo así".

Debemos de recordar que nueve de cada 10 casos de violencia sexual infantil son perpetrados por hombres y sólo uno de cada 10 por mujeres. La mayoría de los varones agresores son padres, padrastros, abuelos o tíos y algunas veces el hermano mayor. De ahí que la pregunta obvia cuando se descubre un abuso es ¿dónde estaban los demás adultos de la familia mientras esto sucedía?, ¿qué hicieron las madres?

Resulta muy difícil aceptar que un evento de este tipo haya podido ocurrir sin que otros adultos no abusadores hayan participado aun de modo inconsciente. Cualquier niño puede ser objeto de acercamientos sexuales inapropiados debido a su inmadurez, dependencia y necesidad de afecto, pues tiende a confiar en los mayores y puede ser engañado con facilidad; sin embargo, para que este acercamiento sea crónico se necesita de la tendencia a ocultar los secretos familiares por medio de intrincados mecanismos de comunicación que llevan irremediablemente a distorsionar la percepción de los integrantes de la familia y a construir un laberíntico sistema de creencias para disculpar y minimizar hasta los eventos más trágicos. "A mí no, eso nunca sucedería en mi casa", "¿Dónde estaba yo?", "Él sería incapaz de algo así". Denunciar los hechos ante la justicia definitivamente no es tarea sencilla. Exponer a la opinión pública lo que ocurre en la familia provocará las etiquetas consiguientes que colocará la sociedad en torno a este hecho; la destrucción del hogar, la pérdida del sustento económico, la ruptura del vínculo amoroso con la pareja y muchas otras razones nos permiten comprender, aunque no justificar, el silencio.

En este momento podemos empezar a comprender la importancia de la responsabilidad que recae en las instituciones educativas y en los maestros, pues en ocasiones son el único recurso disponible para la víctima en su búsqueda de protección.

¿Cómo hablan los niños?

Aunque hemos mencionado las razones por las cuales las víctimas callan, es un hecho que lo que han vivido no puede dejar de expresarse, aunque no sea con palabras. Los niños saben que algo no está bien, y siempre tratarán de manifestarlo.

Señales físicas

- Dolor en áreas genitales
- Infecciones vaginales frecuentes
- Rozadura, comezón o trauma en las áreas genitales
- Manchas de sangre en la ropa interior
- Dolor al sentarse o hacer ejercicio
- Dolor o sangre al orinar o defecar
- Dolor de estómago o de cabeza constantes
- Señales de autolesión
- Desórdenes alimenticios como anorexia o bulimia
- Desórdenes del sueño
- Abuso de alcohol o de sustancias
- Tabaquismo
- Promiscuidad
- Masturbación compulsiva
- Probabilidad de convertirse en agresor sexual
- Enuresis o encopresis (micciones o evacuaciones involuntarias cuando ya se ha alcanzado el control de esfínteres)

Señales de comportamiento

- Nivel de actividad alterado, hiperactividad o hipoactividad
- Comportamiento seductor con adultos o compañeros
- Expresiones sexuales no adecuadas al nivel de desarrollo (normalmente ignoradas por menores)

- Miedo a un adulto específico
- Rechazo a desvestirse
- Excesiva curiosidad por los genitales de adultos y pares
- Disminución anormal del rendimiento escolar
- Aislamiento
- Miedo a lugares que antes disfrutaba
- Forma de vestir inapropiada, demasiada o poca ropa
- Tendencias o ideas suicidas
- Trastorno obsesivo compulsivo
- Síndrome de Estocolmo (apego al agresor)
- Trastorno de estrés postraumático

Ante una situación que no es nada sencilla, es completamente normal que los padres y educadores se sientan en absoluto incompetentes, impotentes y confundidos sobre la enorme tarea que significa educar y proteger a nuestros hijos y alumnos. Sin embargo, hay mucho que hacer al respecto. Lo más importante es recordar que un niño educado, informado y amado es mucho menos vulnerable a la violencia sexual infantil.

También resulta crucial mencionar que encontrar alguna de estas señales no es suficiente para afirmar que el menor está sufriendo violencia sexual o algún otro tipo de violencia. Sin embargo, descubrir algunas de ellas es razón suficiente para llevar a cabo una investigación más profunda.

CAPÍTULO 2

La luz al final del túnel, una esperanza para tod@s

Mtra. Katina Medina Mora

*Hablarlo es reconocerlo
y reconocerlo es el inicio para sanarlo.*

Sufrí abuso a los 12 años por parte del mejor amigo de mi papá, que era en realidad mucho más cercano que cualquier tío, alguien a quien yo adoraba. Y como sucedió sin violencia y en ese entonces no teníamos la información que hoy existe sobre el abuso, lo minimicé. Sabía que estaba mal, las dos veces que pasó estaba tan aterrada que me hice la dormida esperando que pasara rápido. No podía decir nada porque era el único hombre adulto de la casa, no había nadie más que pudiera ayudarme. La primera ocasión pen-

> Hasta allá llegó la mente de una niña, queriendo proteger a sus padres del dolor, sin darse cuenta de que crecería con una herida que sería difícil de sanar.

sé que estaba borracho, porque no podía entender cómo alguien que me "quería" tanto podía hacer algo así. Lo dejé pasar, pero meses después volvió a ocurrir y ahí me convencí de que no era un error, sabía que esto seguiría sucediendo si yo no me protegía. Entonces evité volver a dormir en su casa sin mis padres presentes. De verdad no sé cómo a tan corta edad pude protegerme, sin decirle nada a nadie durante ocho años.

Me quedé callada porque pensé que no había sido tan grave. Decirlo implicaba romper una dinámica familiar demasiado importante. No quería que mi papá sufriera o tuviera que dejar de ver a su mejor amigo. Hasta allá llegó la mente de una niña, queriendo proteger a sus padres del dolor, sin darse cuenta de que crecería con una herida que sería difícil de sanar.

La minimización del abuso es muy peligrosa porque no te deja ver las implicaciones psicológicas que tiene en tu vida. Y cuando es a tan temprana edad, cuando estás apenas empezando a descubrir tu sexualidad, no tienes una referencia de un antes y un después. Mi cuerpo se bloqueó por completo, no sentía nada y durante muchos años viví mi sexualidad e intimidad así, bloqueada. Pensaba que eso era lo normal, hasta que descubrí que no, que tenía un trauma y que debía tratarlo.

Así empecé con un largo y sanador camino de asistencia psicológica. Una de las primeras cosas que descubrí en mi terapia inicial fue que aun cuando el abuso que viví fuera quizá "menor" si se compara, por ejemplo, con una violación o con un abuso que sucede durante varios años, coincidía con muchas de las repercusiones psicológicas que otras mujeres vivían por haber sufrido agresiones más complejas que las que yo experimenté. Y ello me llevó a darme cuenta de que no hay abuso menor, que minimizarlo sólo provocó que no lo tratara. Entonces decidí seguir adelante con la terapia que después me llevó a muchas otras, las cuales hoy en día me dieron fuerza para escribir este capítulo, a mis 40 años, en el que puedo decir que sí hay una luz al final del túnel. Este trauma que te persigue y no te deja en paz puede convertirse en una cicatriz que ves y que está presente, pero que ya no duele o no permea cada momento de tu vida.

La terapia y la importancia de trabajar en ti

Salir de una situación como ésta, sin hablarla, es muy difícil. Eres una niña y la memoria confunde, son tantos los sentimientos que tienes al respecto, que es imposible tratar de descifrarlo sola, simplemente no tienes las herramientas. Se necesita un trabajo muy duro. Mi primera psicóloga me decía que para sanar era necesario sacar toda la pus con el fin de evitar la infección. Sacar esa pus es doloroso y tardado, pero hay que llegar hasta el fondo.

> Sin embargo, logras ver que hay una salida de ese lugar oscuro, y esa salida siempre tiene luz. Y puedes llegar a un lugar en donde logres aceptar que lo que viviste no fue tu culpa y que mereces una vida lejos de eso que te ha hecho sufrir tanto.

El proceso no es fácil, te enfrentas a esa niña a quien no pudiste proteger, te cuestionas cada cosa que viviste. Piensas: "¿Habrá pasado como yo lo recuerdo?", "¿Lo habré bloqueado o exacerbado?". Es un ejercicio de ir hacia adentro, a lo más oscuro y doloroso que has guardado. Sin embargo, logras ver que hay una salida de ese lugar oscuro, y esa salida siempre tiene luz. Y puedes llegar a un lugar en donde logres aceptar que lo que viviste no fue tu culpa y que mereces una vida lejos de aquello que te ha hecho sufrir tanto.

Para mí fue vital entender que si yo no hacía esto por mí, nadie más podría hacerlo. Sabía que se trataba de un trabajo para mi bienestar y para poder vivir mi sexualidad y mis relaciones desde el lugar más sano posible. Esto afectó mi autoestima y hubo muchos días en que pensaba que jamás iba a poder disfrutar de mi sexualidad plenamente. Consideré que, aunque fuese doloroso y hubiera días en los que lo último que quería era ir a terapia, tenía que hacerlo. Tardé ocho años desde que estos eventos sucedieron hasta darme cuenta de que necesitaba ayuda.

El abuso me convirtió en una mujer insegura, tímida, con ciertos miedos que yo adjudicaba a mi personalidad. El abuso te cambia, pero si se trabaja, también te hace mucho más fuerte, por eso hoy puedo decir que soy una sobreviviente. Ésta es una palabra que mucha gente rechaza porque siente que te revictimiza, pero para mí su significado es todo lo contrario: eres una guerrera si eres una sobreviviente. Cuando sobrevives, tienes herramientas y poderes que nadie más posee; encuentras una manera distinta de cuidarte y de cuidar a los demás. Aprendes a decir que no a las cosas que no te gustan y generas una fuerza para contigo que resulta indescriptible, pues llegas a reconocerte como una persona fuerte, que salió de la guerra interna con golpes y moretones pero mucho más poderosa. Ir a terapia y buscar ayuda es decir: "Me niego a quedarme en ese lugar oscuro, quiero mucho más de mi vida, quiero ser feliz y que esto no empañe mi existencia". Al final, se trata de poder caminar con la cabeza en alto, porque si alguien tiene que bajar la cabeza y sentirse avergonzado es tu abusador, no tú.

Algo que me costó trabajo aceptar es que éste es un proceso solitario, y asimilarlo es difícil. Tratar de que tu familia entienda lo que te pasa y lo que has vivido es complejo, porque incluso tu pareja, que te ama, desconoce la gravedad de lo que sientes. Creo que sólo alguien que lo ha vivido puede entender realmente la experiencia por la que pasas. Yo encontré mucha paz y contención en otras víctimas. Recomiendo mucho buscar esos espacios, porque ahí no hay juicios, hay un entendimiento absoluto de lo que viviste. Y en esas reflexiones y en ese compartir experiencias encuentras mucha luz, encuentras un espejo.

Muchas víctimas expresan que les dolió más que su familia no les creyera que el abuso mismo. Por eso, a cada una nos

> El abuso te cambia, pero si se trabaja, también te hace mucho más fuerte, por eso hoy puedo decir que soy una sobreviviente.

toca hacerlo por nosotras mismas y no perder tiempo en aquellas personas que te cuestionan o en quien parece no entender tu dolor. Mucha gente te dice: "Ya olvídalo, sigue adelante, esto se trata de voluntad". Ellos no entienden que el abuso es una sombra que no se va,

> El abuso es una sombra que no se va, que no tienes que pensarla, sino que vive en ti.

que no tienes que pensarla, sino que vive en ti. Creo que yo logré transformarlo, ponerlo en un lugar donde ya no es oscuro. No lo enterré, ni tampoco quiero decir que ya no pienso en lo que me sucedió, pero sí lo he puesto en un sitio en el cual el enojo y la frustración no son las sensaciones principales cuando lo recuerdo. Fueron muchos años de trabajo conmigo misma, tomé múltiples y distintas terapias, pasé por todos los sentimientos imaginables y también compartí mucho con otras mujeres y hombres que han vivido lo mismo que yo.

Terapias alternativas

Después de muchos años de acercarme a terapias de distintos tipos, desde psiquiátricas hasta psicoanalíticas, Gestalt, etc., me di cuenta de que no había sido suficiente. Todo me ayudó mucho y ese trabajo psicológico fue fundamental para mi proceso, pero llegó un momento en el que necesité más que lo racional. Yo entendía bien lo que había vivido, entendía el trauma que me había provocado el abuso, pero seguía con una sensación de no haber sanado, de tener algo muy profundo atorado aún y que mi mente ya no podía resolver. Entonces empecé a intentar con algunas terapias alternativas. Hice constelaciones en sesiones individuales y fue muy revelador. A veces suena como algo esotérico, pero lo que surgió ahí abrió una puerta nueva y me hizo considerar cosas que en una terapia normal no hubiera podido comprender.

Inexplicablemente, yo destapaba cartas con dibujos, frente a figuras que había elegido sobre mi vida, y esos dibujos representaban con exactitud cómo me sentía. Dibujos que me hacían ver en dónde estaba parada y hacia dónde tenía que ir.

Un ejemplo muy claro se dio en una sesión en la que elegí una figura que significaba mi niña interior. Cuando la dejé caer al azar en una parte del tapete de colores en el que se da la constelación, me di cuenta de que ella ya estaba en la parte luminosa de la vida y que mi adulta seguía en la oscuridad. Al percatarme de esto representado en objetos y en algo externo, pude entender que debía caminar hacia la luz, que no podía quedarme atrapada. También apareció una carta que señalaba mi futuro, en la cual figuraba una mujer que parecía dar clases a otras niñas en un salón. Yo tenía la inquietud de hablar sobre este tema, de divulgarlo y convertirlo en un proyecto dedicado a más mujeres, pero no me sentía segura de estar lista para hacerlo. Al ver esta carta entendí cuál era el siguiente paso: compartirlo con más gente. Y gracias a esa terapia inicié mi proyecto para apoyar a muchas otras víctimas, el cual además me ayudó a sanar de manera más profunda.

Algo que también me funcionó fue la terapia con ayahuasca. Para mucha gente esto suena extraño, pero puedo asegurarles que éstas son terapias que compenetran de forma mucho más profunda, que van más allá de lo racional y que, yo pienso, curan desde adentro, porque van a la raíz de lo que sentimos. En esa terapia me di cuenta de que ya había escarbado hasta el fondo y que no había nada más que entender. Considero que, cuando experimentas el abuso, crees que realmente jamás llegarás al fondo, que siempre habrá más puertas secretas que te permitirán descubrir cómo esta experiencia cambió tu vida entera. Y quizás hay algo de cierto en ello, pero hoy puedo decir que, por ahora, no hay más puertas que abrir.

Transformar el abuso en arte

Cuando hablo de arte no sólo me refiero a ser artista. Hablo de cómo transformar lo que sientes y lo que te pasa en algo menos racional y externo. De esta manera sacas una parte más profunda del trauma y puedes llegar a ver cosas de forma más objetiva. No tienes que ser profesional en ninguna actividad artística, simplemente se trata de buscar algo que te ayude a liberar y a transformar lo que te sucede.

En mi caso elegí el teatro, no por azar. Estábamos viviendo el inicio de la era del "Me Too", del "Time's up", movimientos en los que todos los días escuchabas a mujeres gritando: "A MÍ TAMBIÉN"… movimientos en los que te enterabas de la cantidad de mujeres que habían sufrido abuso, silencio, dolor. Y lloras con ellas y tú también quieres levantar la mano para gritar: "No estás sola, a mí también me pasó". Después de ver documentales de jóvenes de 20 años denunciando abusos en escuelas importantes de Estados Unidos y de observar la fuerza en su mirada, decidí que quería y necesitaba hablar del tema desde mi profesión. Al buscar y leer diferentes historias, llegó a mis manos el texto de *Blackbird*, una obra de teatro en la cual una mujer busca al que fue su abusador 15 años atrás para sentarse a hablar de lo que pasó. Desde que lo leí estuve segura de que sería el siguiente proyecto que iba a dirigir. Tuve miedo, pero me sentía fuerte para enfrentarlo, aun cuando no tenía idea del oscuro lugar en el que estaba por internarme de nuevo. Al mismo tiempo, no sabía la luminosidad que esto traería para mí. Sólo decidí lanzarme al vacío.

Hacer teatro con este tema fue duro y hermoso a la vez. Diriges a una actriz, la escuchas hablar del abuso y contemplas la manera en que llora y sufre. Es como verte a ti misma en un espejo. No es tu historia, porque el texto ya está escrito, pero conectas con cada fibra que ella toca cuando habla de su dolor. Puedes entender la culpa que tiene y cómo eso ha modificado su vida.

Hasta ahí en apariencia todo fue sencillo para mí, porque entendía a la víctima perfectamente, y aunque me dolía verme en ese espejo, era lo que había trabajado más y superado. Lo difícil llegó cuando tuve que meterme a la cabeza del abusador, porque deseaba ser objetiva. El texto estaba escrito de tal manera que él también tenía derecho de réplica y hablaba de su propio dolor. Debía entenderlo si quería ser fiel e imparcial con esta obra.

Y entonces entré a un mundo oscuro en el que tuve que leer testimonios de pedófilos. ¿Por qué lo hacen? ¿Qué piensan? ¿Cómo escogen a sus víctimas? En ellos me encontré con mucho sufrimiento. Aun cuando siempre pensamos que estos hombres son unos hijos de puta, descubrí, conforme más leía, el infierno que algunos de ellos vivían. Pude percibir cómo se dan cuenta, a una temprana edad, que tienen algo que no está bien y que tampoco pueden hablar; también comprendí que su pulsión, en la mayoría de los casos, es algo más fuerte que ellos.

> ¿Por qué lo hacen? ¿Qué piensan? ¿Cómo escogen a sus víctimas?

Me di cuenta de mi dificultad para evitar juzgar al personaje de la obra. El mismo actor también lo juzgaba conmigo. Como padre de dos hijas le era imposible tratar de entenderlo. Así me percaté de que estaba empezando a humanizarlo, pues hablaba de cómo entenderlo y aceptaba que también él tenía que lidiar con demonios. Éste fue un ejercicio muy interesante gracias al cual pude reconocer su dolor y el infierno en el que él vive. Al hacerlo, distinguí a un ser humano con un lado muy oscuro y grotesco, pero humano al fin y al cabo.

Ahora bien, se trataba de reconocer a un personaje, así que pensé: "Es un tercero, es alguien a quien no conozco, éste es un trabajo nada más". Pero el ejercicio se transformó en una experiencia que me permitió ver a mi abusador como alguien que quizá también vive un infierno. Alguien que toma decisiones que resultan imperdonables, pero que de igual manera llega a vivir un calvario. Tal vez nunca sabremos qué pasó por su cabeza para abusar de alguien, pero fue un proceso que me ayudó a encontrar una paz que nunca había experimentado. El odio que sentí hacia él por tantos años de pronto mutó en compasión.

Esto no significa que lo haya perdonado. Creo que eso jamás va a pasar, porque yo sufrí mucho tiempo por sus acciones, porque cambió mi manera de ver la sexualidad y de relacionarme con los hombres y porque me ha costado muchos años llegar a estar bien. Mucha gente dice que no vas a sentirte así hasta que realmente puedas perdonar a quien te hizo daño. Yo creo que hay cosas que son imperdonables. Pero también puedo decir que al encontrar esa compasión confirmé que después de tanto trabajo interno soy yo quien levanta la cara y es él quien tiene que agacharla; soy yo quien tiene la fuerza y es él quien debe estar avergonzado de lo que hizo. Lo reconozco como humano y como alguien que seguramente lucha contra este demonio todos los días; no debe ser fácil. No lo justifico, al contrario, lo que hizo tiene nombre y deberá de pagar su condena, sea cual sea. Pero entender eso y sentirme hoy más fuerte después de tanto trabajo me hace contemplarlo humanamente, lo cual me ha traído paz y me ha ayudado a situarme en un lugar distinto.

> Cambió mi manera de ver la sexualidad y de relacionarme con los hombres [...] me ha costado muchos años llegar a estar bien.

La obra también permitió que la gente a mi alrededor entendiera un poco más sobre el tema. Es difícil que alguien que te quiere vea que sufres, pero cuando lo observa en una puesta en escena, en donde no eres tú quien lo vive, la emoción entra desde otro lugar. Por fin pude hablar con mis hermanos sobre el abuso, mi pareja comprendió la dimensión de lo que había experimentado. Maestras de escuela se dieron cuenta de hasta dónde puede llegar lo que una víctima padece, y confesaron sentirse más sensibles ante los múltiples casos de alumnas que lo sufren. Todos estos ejercicios generan conciencia, y ver cómo algo que tú creas mueve a la reflexión, ayuda a estar mejor, porque sientes que contribuyes a algo más grande.

En mi caso fue el teatro, pero conozco gente que escribe sobre esto y se libera, que dibuja, que toma fotografías, que compone música. Basta con tratar de plasmar el dolor a través de algo más, aunque no sea profesional. Es sólo una manera distinta de sacarlo, de poder verlo frente a ti y entenderlo desde otra mirada. Hay quien trabaja con niños y niñas que han sufrido abuso, pues su propia experiencia la lleva a querer ayudar a otros y a través de esas historias sanar la propia.

Estoy segura de que lo que logré no hubiera sido posible en varios años de terapia. La liberación que siento hoy es gracias al proceso que viví a través de la obra de teatro, y estoy segura de que eventualmente podría convertirse en una causa. Cuando te reconoces en un mejor lugar, surge una sensación muy fuerte de querer expresarlo y así ayudar a otros.

Lo que me hubiera ayudado

Hoy hay mucha información sobre el abuso. Los padres de familia están más atentos al tema y las cifras están expuestas. Aun cuando la violencia sexual es todavía un tabú, se habla mucho más y se tiene una mayor conciencia sobre ella. Hoy podemos ver miles de videos en donde se aborda el tema, cómo enfrentarlo y cómo tratarlo.

Si yo a mis 12 años, o antes, hubiera escuchado una y otra vez: "Nadie puede tocarte", "Si sientes algo que no está bien, incluso de alguien a quien quieres, tienes que decirlo", "No importa lo que sea, me tienes que contar si algo no te gusta", "Sentirte incómoda frente a un adulto no está bien", algo diferente podría haber sucedido. Yo no escuché nunca nada sobre eso, porque los padres de familia no tenían información y si llegabas a pensar en el tema, te decían: "Eso no nos va a pasar a nosotros". Pero pasa, pasa mucho más de lo que creemos.

Está comprobado que siempre, antes de que el abuso exista, los perpetradores les ponen pruebas a los niños para comprobar si callarán y si ellos podrán seguir avanzando. Yo tengo muy claro cuál fue la mía: una plática sobre su primera relación sexual con lujo de detalle que a mis 12 años resultó muy incómoda. Yo ni siquiera había tenido conversaciones sobre sexo con mi mamá, ¡era muy joven! Si mis padres hubieran insistido en que les dijera cualquier cosa que me incomodara, entonces les habría contado eso. Y quizá no hubiera ocurrido la siguiente fase del abuso. Si me hubieran preguntado una y otra vez si estaba viviendo algo extraño, también habría contado sobre la primera vez que sucedió y tal vez hubiera evitado la segunda. Ello habría evitado tener que cuidarme y protegerme sola a los 12 años para asegurarme de no volver a pasar la noche en esa casa, inventando cualquier pretexto, diciendo que tenía miedo, que no me sentía bien o justificándome una y otra vez para no dormir ahí.

Algo que hoy analizamos mi madre y yo, mirando de lejos el pasado, son los cambios de actitud que comencé a mostrar paulatinamente y que ella no pudo percibir, porque no tenía los elementos y porque muchos de ellos no eran tan notorios. Hasta ahora puede observarlos con claridad.

Hay señales que son muy claras cuando comienza una situación de abuso. Yo me volví miedosa, insegura, ya no quería dormir lejos de mis padres cuando íbamos a esa casa de campo, no quería irme sola de viaje con este tío, a pesar de que toda la vida lo habíamos hecho.

Hacia los 17 años, cuando empecé a salir y a tener novio, no quería saber de sexo. Mi madre me preguntaba sobre el tema y yo sólo le decía que no estaba lista, aunque en realidad me daba asco de sólo pensarlo. Como víctima es muy difícil hablar con total honestidad. Quizá si hubiera dicho que me daba asco, mi mamá habría prendido un foco rojo, porque dentro de todo lo que sucedía yo era una niña normal, con calificaciones aceptables, sociable, sin problemas. Y como minimicé el abuso, crecí pensando que era una joven normal y que todo lo que vivía era lo normal. Tendría que haber mirado detenidamente para descifrar que algo estaba pasando.

Después de toda esta experiencia, de mucha introspección y lectura, hay algunos puntos que al hablar de prevención me parece importante compartir, principalmente para poder evitar el abuso y que además aportan amplitud al capítulo 1.

El primero es que identifiquen y estén atentos a patrones que los niños siguen. Es decir, si la niña siempre llora antes de ir a su clase de natación o repite una y otra vez que no quiere ir a casa de alguien, algo está pasando. Nunca anulen una expresión o una insistencia de no querer hacer algo o estar en algún lugar.

> Es trabajo de los padres estar atentos. No se puede confiar y dejar la responsabilidad en que los niños aprendan a decir que no.

A veces se manifiesta con alguna enfermedad. Cuando racionalmente no puedes controlar la situación, en ocasiones el cuerpo sale al rescate. He sabido de muchos casos en los que una fiebre o un malestar fuerte hacen que la niña o el niño no vayan al lugar donde están siendo abusados. Así que nunca descarten de inicio un malestar que presenten sus hijos antes de ir a algún lugar. Eso les podría indicar que hay algo que no está bien.

La mayoría de las veces será difícil para los niños explicarlo con claridad o ser conscientes de lo que están viviendo. Sobre todo porque más de 60% de los casos sucede con personas allegadas a la familia y no es fácil entender cómo alguien a quien quieres tanto pueda estar haciéndote daño. Muchos llegan a pensar que ésa es una manera de amar. Es trabajo de los padres estar atentos. No se puede confiar y dejar la responsabilidad en que los niños aprendan a decir que no. Entiendo que resulte favorable que los niños sepan que pueden hacerlo, pero para el niño casi siempre es imposible decirlo. Puede estar solo con el adulto y sentir miedo, puede que esté siendo amenazado, puede que no entienda lo que le pasa. Hay mil razones por las cuales un niño puede no estar capacitado para decir que no. No podemos confiar en que eso suceda. Y si bien no se pueden controlar todos los lugares o todas las cosas que hacen sus hijos, sí hay muchos elementos en los que se puede poner atención.

> Más de 60% de los casos sucede con personas allegadas a la familia y no es fácil entender cómo alguien a quien quieres tanto pueda estar haciéndote daño.

Honren su intuición. Muchas madres de víctimas explican que cuando se enteraron del abuso hubo algo que no les sorprendió del todo. Había algo en esa persona que no estaba bien o habían vivido algún momento incómodo con ella que dejaron pasar. Aun cuando sea alguien a quien en teoría deberían tenerle confianza, un hermano, el mejor amigo, un cuñado, si hay algo que no se siente bien, confíen en su instinto y no lo ignoren.

Críen a un niño que entienda lo mucho que vale, lo importante que es, que sepa que lo aman con sus defectos, sus miedos y fracasos y que no esperan que sea perfecto; de este modo ellos crecen en un ambiente de aceptación, lo cual los hace más fuertes.

Asegúrenle que siempre le van a creer, sin importar lo que les diga; muchos niños callan por miedo a que no les crean.

Compartan sus dudas y experiencias con gente de confianza que tenga hijos de la misma edad y del mismo sexo. Una de las cosas que dice mi madre es que su hermana había tenido hijos varones y no se hablaba de esto con otras amigas. No sabía si lo que me pasaba y mis cambios de actitud eran normales. En el momento en que puedan comparar con otras personas cómo están actuando sus hijas o hijos, podrán ver que hay algo que no encaja.

La comunicación lo es todo. En el material que utilicé para mi investigación aseguran que el pedófilo es un gran escucha y que las víctimas caen con él porque sienten que alguien les presta atención, que alguien las valora. Las hace sentir especiales. Si en la casa un niño o niña es escuchado, si es tomado en cuenta, si se siente especial, entonces será más difícil que se convierta en víctima.

Enséñenle que puede decir lo que siente. En lugar de preguntarle "¿Cómo te fue en la escuela?", digan: "¿Cómo te sentiste? Es importante que desarrollen esta capacidad porque en ocasiones no pueden expresar racionalmente lo que les pasa, pero emocionalmente sí.

Observen las reacciones que su hijo tiene con ciertas personas o ciertos eventos; observen si se presenta un cambio en su actitud, si de pronto es más miedoso, si está más enojado que de costumbre. Observen, observen, observen.

Por otro lado, lo complejo radica en que el abuso puede llegar a suceder de muchas formas. Podría decir que yo vivía en una familia muy funcional y amorosa en la cual había comunicación. Tenía una gran relación con mis padres, cercana, llena de cariño. Mis psicólogas me dicen que logré salir de todo esto y protegerme gracias a esa familia. Pero, aun así, con ese grado de cariño y atención, fui víctima y también fui incapaz de compartirlo. Por muchos años viví sola minimizando el hecho, pero sabiendo que eso había marcado mi vida y que jamás volvería a ser la misma.

Sin embargo, a puedo decirles a todas las víctimas de abuso: siento mucho que hayas vivido esto, pero no estás sol@. Espero que estas palabras aporten algo a tu vida. Mi único consejo es que no lo guardes, porque es peligroso y dañino. Busca ayuda, busca compartirlo, porque no tenemos la capacidad de sanarlo sol@s.

Hablarlo es reconocerlo y reconocerlo es el inicio para sanarlo.

CAPÍTULO 3

Los gráficos como método de diagnóstico y abordaje para la violencia sexual contra niñas y niños: casos prácticos

Lic. María Cecilia López

Psicoanalista infantil y perito de parte
de niñas, niños y adolescentes

En nuestro planeta, uno de cada cinco infantes es víctima de violencia sexual. Esto significa que en la actualidad 20% de la población mundial infantil —o lo que es lo mismo, más de mil millones de víctimas— está intentando sobrevivir a un tipo de trauma que sólo puede ser comparable al sufrido por una persona que haya experimentado riesgo de muerte en un campo de concentración, en un combate militar, una guerra, en un asalto violento o un secuestro con actos de tortura; en un desastre natural, un accidente severo, en el contexto de la violencia doméstica, con una enfermedad mortal o que haya atravesado por la muerte repentina e inesperada de un familiar querido.

Además, la violencia sexual en la infancia deja tras de sí una infinidad de secuelas negativas en la vida de las niñas, niños y adolescentes sobrevivientes. Se producen incontables alteraciones en las distintas áreas de la personalidad; a continuación mencionaremos algunas a modo de ejemplo.

En el área afectiva pueden observarse depresiones, ideas suicidas, explosiones de enojo, conductas violentas o demasiado inhibidas. En el área de la conciencia se producen amnesias, trastornos disociativos, preocupaciones constantes. En el área de la autopercepción es muy común observar baja autoestima, sentimientos de estigmatización, aislamiento y soledad por sentirse diferentes. También existen alteraciones en cuanto a la percepción del agresor, las víctimas padecen recuerdos angustiosos intrusivos y recurrentes, pesadillas y hasta alucinaciones. A su vez, las víctimas de violencia sexual presentan padecimientos físicos y enfermedades psicosomáticas de todo tipo, tales como asma, fibromialgia, cansancio crónico, reuma. Y también sufren síntomas psicológicos, como trastornos del sueño y de la alimentación, ataques de pánico, fobias, problemas de concentración, bajo rendimiento en el colegio, entre otros.

La violencia sexual siempre es vivida por la víctima como una experiencia traumática que repercute negativamente en su psiquismo, pues le provoca, entre otras cosas, una gran dificultad a la hora de tener que relatar su historia. Así, por ejemplo, en Argentina, de 1 000 casos de delitos contra la integridad sexual a niñas y niños sólo llegan a denunciarse 100, van a juicio 10 y llega a condena efectiva tan sólo uno. Ahora bien, si se denuncia 10% de este tipo de delitos y tan sólo llega a esclarecerse 1% de ellos, quedando 99% impune, cabría preguntarse: ¿por qué razón sucede esto?

> En Argentina, de 1 000 casos de delitos contra la integridad sexual a niñas y niños sólo llegan a denunciarse 100, van a juicio 10 y llega a condena efectiva tan sólo uno.

Lo más sencillo sería atribuirle la completa responsabilidad al sistema legal; sin embargo, desde el punto de vista de la psicología, lo primero que observamos es la enorme dificultad que existe en la actualidad a la hora de evaluar psicológicamente a estas niñas, niños y adolescentes, dado que las evaluaciones que se les realizan parten de la palabra como premisa inexorable a la hora de ratificar la presunción del delito, sin tener en cuenta que, debido a las características de este tipo de trauma sexual, sólo 20% de las víctimas puede ser capaz de expresarlo de forma oral.

En su mayoría, las niñas, niños y adolescentes víctimas de violencia sexual no hablan por vergüenza; por estar frente a personas desconocidas con las cuales no han establecido un lazo de confianza; por pánico (debido a las amenazas de su agresor); por culpa; por un bloqueo emocional; por mecanismos de defensa tales como la negación, la desmentida y la disociación; por no saber que lo que les han hecho es algo prohibido; por amnesia traumática; o por no saber con qué palabras expresar aquello que les sucedió.

Es llamativo que a la hora de evaluar a este tipo de víctimas nadie tome en cuenta la edad ni la etapa psicoevolutiva, que, junto al trauma, tienen una incidencia importantísima en las características del lenguaje oral en la infancia. Incluso, muchos profesionales ni siquiera consideran la posibilidad de que las niñas y los niños, simplemente, no hablan igual que un adulto, debido a lo cual suelen ser evaluados desde una perspectiva adultocéntrica, sin considerar su edad, desarrollo psicológico ni el tipo de trauma por el cual han atravesado.

Se sabe que cuanto mayor es el trauma y menor edad tiene un individuo, es menos capaz de estructurar un relato extenso en palabras o frases, apoyándose en el correcto uso de la sintaxis y semántica, la reversibilidad de sujetos y predicados, tiempos verbales, modalidades espaciales; ni tampoco es capaz de hacer un correcto uso de los gerundios y adjetivos, por ejemplo. A su vez, su lenguaje expresivo puede encontrarse alterado y es muy común que se exprese de forma confusa y desorganizada. Las víctimas suelen valerse de neologismos, simbolismos, y tienen desplazamientos metonímicos, por lo que suelen confundir palabras con sonidos similares ("torta" con "cola", "vagina" con "Vanina", por mencionar algunos casos). Además, por si esto fuera poco, frecuentemente su relato está atravesado por las emociones o, por el contrario, disociado de éstas, con lo cual llegan a dar la impresión de estar hablando de forma mecánica, como si hubieran memorizado un discurso.

71

Resulta increíble que a estas alturas del siglo XXI, a la hora de realizar un psicodiagnóstico por sospecha de violencia sexual, sean tan pocos los profesionales que tengan en cuenta que hablar no siempre es comunicar y que el lenguaje oral constituye únicamente entre 3 y 7% de la comunicación humana, y que el resto de lo que un sujeto informa lo hace a través de otro tipo de lenguajes, como el corporal (macro y micromovimientos), el facial (distintos tipos de sonrisas y gestos), el ocular (dilatación o contracción de las pupilas, lágrimas, etc.), el paraverbal (volumen, tono, timbre, pausas, silencios, velocidad, articulación, etc.), los segregados vocales (carraspeos, tos, bostezos, silbidos, etc.), el lenguaje lúdico (los juegos que hacen los niños y niñas con distintos muñecos simbólicos, por ejemplo), o el lenguaje gráfico (dibujos, collages, etcétera).

Es un error que como profesionales esperemos que un niño o niña víctima de una violación y que durante años padezca la tortura del incesto nos relate su trauma de la manera en la que lo haría un adulto, mediante un lenguaje oral perfectamente estructurado. Se estarían omitiendo conceptos básicos no sólo en torno al significado del trauma, sino al significado de la infancia.

Las vivencias traumáticas suelen dejar a la víctima en estado de *shock* y perplejidad, sin saber cómo reaccionar ni cómo defenderse. Esto sucede porque el trauma es vivido por el sujeto como una invasión de una tremenda cantidad de energía que es incapaz de elaborar o comprender a nivel consciente, lo cual provoca que dichas vivencias traumáticas pasen a ser directamente almacenadas dentro de un nivel más profundo del psiquismo: el inconsciente.

Ahora bien, si comparamos el sistema mental humano con una computadora, podríamos decir que las personas

> Las vivencias traumáticas suelen dejar a la víctima en estado de *shock* y perplejidad, sin saber cómo reaccionar ni cómo defenderse.

tenemos dos discos duros de almacenamiento de la memoria: la conciencia y el inconsciente. La conciencia archiva los recuerdos bajo un *software* que usa un código basado en palabras; mientras que el inconsciente, por el contrario, archiva los mismos recuerdos, pero mediante otro *software* diferente, uno que usa un código basado en imágenes.

Partiendo de estos conceptos, podremos entender mejor cómo es que la víctima suele tener tantas dificultades a la hora de relatar su trauma con un lenguaje verbal u oral; sin embargo, esto no significa que sea incapaz de recordar, más bien suele contar sus recuerdos a través de otro lenguaje basado en imágenes, es decir, con los gestos y movimientos de su cuerpo; con reviviscencias y *flashback*; por medio de sueños y pesadillas o, incluso, alucinaciones; mediante síntomas físicos y psicológicos, las escenas de sus juegos o sus gráficos.

Especialmente en lo que se refiere a las representaciones gráficas, se ha podido comprobar que los dibujos son una de las vías de comunicación del inconsciente más naturales entre las niñas, niños y adolescentes víctimas de delitos sexuales, dado que ellos pueden proyectar su trauma a través de imágenes simbólicas sin quedar expuestos ni sentirse más vulnerables de lo que ya están. Así, haciendo uso de lápices, pinturas y papeles, ellos pueden proyectar en sus dibujos sus percepciones internas y externas, conflictos, necesidades, ansiedades, su conducta y modo de relacionarse, su estado emocional y aquello que piensan.

En este punto vale aclarar a qué nos referimos cuando hablamos de "proyectar". Dentro de la psicología se han estudiado muchos mecanismos de defensa a nivel psíquico, cuya función es ayudar a que el sujeto evite los conflictos que puedan desestabilizarlo. De esta manera, la proyección es uno de los mecanismos psíquicos más utilizados por las víctimas de traumas sexuales, porque su objetivo principal es expulsar al exterior aquellos recuerdos —conscientes e inconscientes— que le provocan sufrimiento.

Algunas de estas formas de proyectar son hablando o dibujando, por ejemplo, tal como lo puede hacer aquel que critica a otro para evitar confrontarse con un defecto propio, o como quien dibuja una figura descuartizada para disminuir la angustia que le provoca una amenaza de muerte que ha recibido.

Cuando aprendemos a mirar a profundidad un dibujo, se nos abre un universo, es como si se corriera un velo tras el cual somos capaces de saber qué le pasa a su autor.

En lo que respecta a la violencia sexual, existe una serie de indicadores que ayudan a averiguar las características del trauma, la etapa psicoevolutiva en la que se inició, las edades en la que aconteció, y hasta la identidad del autor del delito. Algunos de estos indicadores son los siguientes:

- Sombreados en zona genital
- Ausencia de la zona genital
- Figuras fálicas
- Borrones
- Soles invertidos (con feas expresiones en el rostro)
- Fea impresión general del dibujo
- Regresión en el estadio evolutivo del dibujo
- Firmas tachadas
- Cambios en la firma
- Distorsiones en el esquema corporal
- Figuras descuartizadas o desmembradas
- Expresión de los personajes
- Ausencia de piernas
- Ausencia de ojos
- Ausencia de nariz
- Ausencia de boca
- Tratamiento especial de pies o calzado
- Casas desmoronándose

- Varias chimeneas
- Tratamiento especial del humo
- Ventanas con rejas destacadas
- Personajes de la familia tachados
- Personaje de la familia sosteniendo objetos fálicos
- Figuras superpuestas
- Figuras en transparencia
- Marcas en el tronco del árbol
- Ramas cortadas
- Ramas caídas
- Copa deshojada o a punto de derrumbarse
- Objetos fálicos
- Animales con forma fálica
- Bichos
- Colores oscuros
- Atmósfera general

A la hora de analizar un dibujo no sólo es necesario tener en cuenta el contenido simbólico del mismo, sino también sus aspectos expresivos. Por ejemplo:

- Tamaño
- Presión
- Calidad de la línea
- Emplazamiento de la hoja
- Completamiento
- Simetría y detalles
- Perspectiva
- Proporciones
- Sombreado
- Reforzamiento de líneas
- Borrado

Además, es fundamental tener en cuenta otros factores como:

- Indicadores físicos y psicológicos de violencia sexual
- Historia familiar
- Desarrollo intelectual y emocional
- Enfermedades físicas
- Grado de motivación para dibujar
- Materiales con los que cuenta para expresarse
- Contexto en el cual se dibuja
- Expresión facial y corporal mientras se dibuja
- Verbalizaciones y asociaciones libres
- Simbolismos numéricos en los dibujos
- Impacto que produce el dibujo

A continuación ejemplificaremos con algunos casos reales de niñas, niños y adolescentes que se valieron de dibujos para contar su historia de violencia sexual; aunque, por supuesto, cambiando algunos datos para reservar su verdadera identidad.

Dibujo 1. Pareja desnuda

Alexia era una niña de 10 años que había sufrido violencia sexual por parte de su progenitor durante aproximadamente tres años; desde que era una bebé hasta que tuvo 4 años. Por suerte, a diferencia de otros niños y niñas, ella pudo ser evaluada y fue separada de su agresor por una orden de restricción perimetral. También comenzó una psicoterapia, y para cuando pudo elaborar su trauma fue dada de alta. Al momento de hacer este dibujo tenía tiempo que no nos veíamos; sin embargo, hubo un acontecimiento en su colegio que le había generado una gran angustia: la clase de educación sexual. Esto, que otros niños y niñas suelen tomar con cierto humor, ella lo vivió con mucha vergüenza y miedo, pero no sólo eso, le removió recuerdos que creía enterrados, los cuales no había llegado a comprender del todo dada su corta edad. Cuando su madre la trajo a visitarme, Alexia me dijo que desde que había tenido aquella clase se había puesto a pensar en algunas cosas. Cuando le pregunté que a qué se refería, Alexia decidió hacer este dibujo que aquí vemos para explicarme. "Ahora ya soy señorita. Ya sé qué es el sexo", me dijo muy seria, aunque poniéndose colorada, y continuó: "La maestra nos explicó qué es la violación... recién ahora me doy cuenta de que mi papá es un violador". En todos los años que la traté, Alexia había logrado hablar acerca de su trauma; sin embargo, lo había hecho con una modalidad infantil. Al principio solía decir que "un lobo la chupaba"; luego, que quien la chupaba era su padre, y más adelante que, en realidad, no la había chupado solamente, sino que le había introducido un dedo en el área vaginal... A medida que ella iba creciendo, fue más capaz de explicar lo inexplicable; sin embargo, nunca había relacionado aquello que le habían hecho con una violación, simplemente lo había interpretado como algo malo y prohibido porque a ella la ponía muy nerviosa y la llenaba de miedo, pero nada más. En ese momento, aún inocente pero ya siendo una púber, empezó a tomar una mayor conciencia de todo lo ocurrido e hizo un dibujo para demostrarlo, un dibujo de una pareja desnuda en el cual se destaca el área genital del hombre, y si observamos bien, podremos notar que él se encuentra ahorcando a la mujer... una mujer que aprieta muy fuerte las piernas.

Dibujo 2. Garabato rojo

No sólo los niños y niñas hacen mamarrachos; los adolescentes también. Especialmente después de largas horas de espera en los pasillos de los juzgados, en el momento de ser evaluados con una agobiante lista de *tests* para probar que no son mentirosos o, peor aún, para demostrar que no están locos. Ante esta situación, no es raro observar a adolescentes que han sido víctimas de delitos sexuales retractarse, negar todo lo que antes se animaron a develar o rebelarse tachando todo lo que pensaban dibujar; sobre todo si perciben que quien está enfrente no les ha demostrado ni una pizca de empatía. Esta expresión gráfica la hizo un adolescente de 13 años. El equipo técnico a cargo de la evaluación consideró a su autor como "poco creíble", ya que no había sido capaz de dibujar como se supone que dibujan los chicos de su edad. Nadie pudo darse cuenta de que los mamarrachos son una forma de lenguaje que también tienen historias para contar. En este caso, si observamos bien, podremos percibir que lo que este mamarracho refleja es un estado de ira: sus trazos rojos representan furia y fueron realizados con mucha presión sobre la hoja; tanta presión como la que nos podríamos imaginar que estaría sintiendo su autor mientras lo estaba haciendo; aunque, a decir verdad, si lo analizamos mejor, lo más llamativo de éste son sus formas fálicas disimuladas con rayas, rayas circulares que intentan esconder, ocultar. No, no es casualidad que esta expresión gráfica haya sido realizada por un adolescente de 13 años, porque los chicos con traumas sexuales también pueden dibujar como los niños y niñas de 3 años; más aún cuando, desbordados por la angustia y la impotencia, han hecho una regresión emocional a la etapa en la cual acontecieron sus primeras escenas traumáticas.

Dibujo 3. Casa con varias chimeneas

No todos los dibujos de víctimas de violencia sexual muestran genitales masculinos o femeninos de manera explícita; por el contrario, muchos de ellos, a simple vista, pueden tener una apariencia linda y lúdica, como éste, cuya autora tenía 8 años en el momento de hacerlo. Valentina era una valiente niña que había sido víctima de incesto, pero no sólo eso, también había sido obligada a ser testigo ocular de cómo su progenitor y la entonces novia de éste abusaban de su hermanito recién nacido. Al ser evaluada, a Valentina aún le costaba mucho hablar; según ella no por nada en particular, tan sólo por vergüenza. Fue así que, al principio de su evaluación, se fue animando a contar su secreto a través de pistas simbólicas, y de esto no caben dudas cuando miramos el dibujo. A primera vista parecería que se trata de una casa en donde vive una familia feliz; sin embargo, cuando empezamos a observarlo con detenimiento, poco a poco podemos darnos cuenta de que contiene varios indicadores de abuso sexual; como, por ejemplo, las chimeneas. No le hizo una sino varias; para mayor exactitud, le hizo siete chimeneas, símbolos fálicos por excelencia (en especial cuando resultan llamativamente extrañas). ¿Es esto producto del azar?, por supuesto que no. Valentina había sufrido violencia sexual durante los primeros siete años de su vida, años en los que abundaron torturas camufladas de juegos, tal como lo indica la carta similar a las de póker que hace de puerta, la cual está enmarcada por otras dos figuras fálicas que simulan ser columnas. "Se parecen a serpientes", me dijo. A su progenitor lo representó con el árbol emplazado a la derecha de la casa, mientras que ella se proyectó en la niña del lado izquierdo, quien sostiene un paraguas al tiempo que flota arrastrada por el viento y la lluvia torrencial de una tormenta a la cual aún estaba tratando de sobrevivir.

Dibujo 4. Con la boca tapada (caso Verónica)

Inesperadamente, de un día para otro, la madre de Verónica fue citada por las autoridades del jardín de niños. En la reunión le informaron que varias de las otras madres se habían estado quejando porque consideraban que su hija, de tan sólo 3 años de edad, era una mala influencia. De manera puntual, la acusaban de ser una pequeña "sexópata" porque, al parecer, había estado manoseando a algunos de sus compañeritos. En medio del revuelo que se había originado en la escuela, ninguna de las maestras había reparado en los dibujos que Verónica había estado haciendo desde hacía un tiempo; quizá por subestimar los dibujos de los niños y niñas o tal vez, sencillamente, porque a nadie se le había ocurrido indagar en su significado. Lo cierto fue que cuando comenzó su psicodiagnóstico, lo primero que Verónica dibujó fue una serie de figuras con ojos tristes, extraños sombreros fálicos y con las bocas tapadas, muy similares a este dibujo. En cuanto las vi, empecé a indagar sobre su significado; sin embargo, cada vez que le preguntaba, Verónica, de forma astuta, solía cambiar de tema. En una oportunidad decidí modificar mi modo de intervención: continué preguntando, pero esta vez lo hice directamente a la figura del dibujo. Y fue entonces que ¡se abrió una luz en el horizonte! Muy pronto, Verónica comenzó a responder a través del personaje que había creado, tal y como si le estuviese poniendo voz a un títere: "Soy una lobita", contestó de manera inesperada. "¿Y qué estás haciendo, lobita?", le pregunté naturalmente, como al pasar. "Estoy luchando con una espada." "¡Wow…! Pero ¿por qué estás sola?", me intrigó saber. "Estoy esperando a mi papá, él es un lobo", esta vez cambió el tono de voz y oscureció su mirada. "¿Un lobo bueno o un lobo malo?", me animé a seguir preguntándole. "Mi papá es un lobo que me chupó la boca y la cola; pero lo hizo

"Mi papá es un lobo que me chupó la boca y la cola; pero lo hizo jugando, él es bueno, no me hizo nada, me olvidé de todo."

jugando, él es bueno, no me hizo nada, me olvidé de todo." Verónica se estaba valiendo de su dibujo para pedirme ayuda. "Ahora entiendo por qué tienes la boca tapada, lobita; y también… por qué estás practicando defenderte con una espada." Aunque en aquella oportunidad acabó retractándose, no había dudas de que, como a muchas víctimas de delitos sexuales les sucede, Verónica había terminado negando todo por miedo. Aquel día no quiso seguir hablando, pero lo que platicamos fue suficiente para que, poquito a poco, se animara a confiarme su secreto. Hacer el psicodiagnóstico no fue una tarea difícil; tan sólo hizo falta hablarle en su propio idioma, el idioma de las niñas y niños de 3 años.

Dibujo 5. Familia de animales

Juan Andrés era un niño de 7 años que en el último tiempo había bajado el rendimiento escolar a pesar de su gran inteligencia. Las maestras lo notaban disperso, no se podía concentrar, presentaba un notorio trastorno de ansiedad y cada día que pasaba se encerraba más y más en sí mismo. También, a cada rato solía tocarse su zona genital, incluso en lugares públicos. En el psicodiagnóstico se pudo detectar que había sido abusado por su hermano, un adolescente que solía presionarlo para que mirara pornografía desde su celular. Si observamos el dibujo que hizo de una familia de animales (en el cual simbolizó a su propia familia), lo que más llama la atención son los dos dibujos del centro de la hoja: un animal grande (que se trata de un dibujo tipo "fantasma" o hecho en "transparencia", es decir, que ha sido borrado, pero no tanto como para no ser visto) junto con un "hermano perro" más pequeño que tiene el hocico colocado justo sobre su zona genital. Si bien Juan Andrés intentó hacer desaparecer a esta figura (al borrarla) e incluso se negó a decir o a escribir su nombre (ocultó su identidad), todo hizo deducir que se trataba de su hermano mayor, dado que él tan sólo tenía a ese hermano y a otra hermana. Resulta interesante cómo el agresor sexual siempre impone un pacto de silencio (explícito o subliminal) sobre su víctima para asegurarse de que nunca será delatado, pacto que las víctimas suelen respetar por terror a las amenazas de venganza si es que no lo llegaran a cumplir. Sin embargo, en esta oportunidad, por suerte, Juan Andrés pudo resolver su conflicto entre guardar el secreto o hablar, pidiendo ayuda a través de una especie de lenguaje de señas similar al de los sordomudos, un lenguaje de símbolos gráficos.

* * *

Para finalizar, y a modo de conclusión, siempre es bueno aclarar que un diagnóstico no se puede hacer con un solo dibujo, sino que, por el contrario, tenemos que contar con una serie de dibujos en los cuales podamos observar una correspondencia de indicadores sexuales, que, a su vez, deberán de coincidir con toda una secuencia de indicadores de abuso sexual a nivel conductual en el lenguaje lúdico y corporal, etcétera. Diagnosticar un delito sexual no es algo sencillo, pero tampoco es algo complicado, tan sólo se necesita capacidad de observación y mucho sentido común; también, saber ponerse en el lugar de la niña, el niño o el adolescente que sufre. Debemos de entender de una vez por todas que exigir contar de una manera adultizada este tipo de traumas es, quizás, un delito aun mayor que el de la propia violencia sexual, no sólo porque se vuelve a revictimizar a las víctimas, desacreditándolas como sujetos de derecho, sino por las secuelas imborrables que repercutirán a lo largo de toda su vida y en toda la sociedad.

Elva Leticia Cuenca Núñez

*Entró alguien por la parte de atrás de la
tienda, lo vio; mi agresor se rio y esta persona
se fue, no hizo nada ni dijo nada.*

Tenía 5 años. Era una niña a la que le encantaba participar en todas las actividades de la escuela; era esa niña que, cuando la maestra preguntaba quién quería cantar o bailar para el día de las madres (o alguna otra festividad), levantaba la mano, y aunque generaba un gasto para la casa, mi madre estaba dispuesta a ayudarme para hacer lo que quería.

Toda la semana ensayamos el mismo poema que hasta el día de hoy me sé, me puso un vestido muy bonito que sólo usaba para las fiestas, me trenzó el cabello y antes de salir repasamos el mismo poema.

Leí el poema frente a todas las mamás. Al terminar, fui corriendo a los brazos de la mía y a los pocos minutos me pidió que buscara a mi hermano. Lo busqué por toda la escuela y pensé que tal vez estaba en la tiendita de al lado. Fui y ahí estaba, jugando maquinitas hasta el fondo con otro niño más grande. Le dije a mi hermano que yo quería aprender a jugar como él y me respondió que no, que eso no era de niñas y que sólo iba arruinar su juego, así que me salí enojada a decirle a mi mamá (lo que yo no sabía era que él salió corriendo detrás de mí a esconderse para que mi mamá creyera que yo mentía). Me asomé a la puerta de la escuela y el chavo me alcanzó. Tenía máximo 17 años, era alto, moreno, con estrabismo, el cabello negro cortado de hongo, traía una camisa negra holgada, shorts de mezclilla y tenis blancos. Lo recuerdo perfectamente.

Me habló y me dijo: "Dice Óscar que ya te va a enseñar a jugar, ¡ven, córrele!", y yo fui corriendo para ver si era cierto. Entré hasta donde estaban las maquinitas y escuché cómo el chico cerraba la puerta detrás de él. Era una puerta antigua de madera, de ésas que son muy pesadas para poder abrir. Mi hermano no estaba, creí que era una broma, que él se había escondido en la tienda y que iba a saltar de algún lugar en cualquier instante, pero no, mi hermano no estaba ahí.

El chavo insistió en que lo buscara bien, que si quería podía encender una máquina y él me enseñaba mientras mi hermano aparecía: le dije que no, pero él siguió insistiendo, prendió una máquina y me subió a una caja de coca. Cuando lo vi detrás de mí por el cristal de la máquina, pregunté porque había cerrado y ahí se quedó en silencio, me subió el vestido, me tapó la boca y me violó.

Entró alguien por la parte de atrás de la tienda, lo vio; mi agresor se rio y esta persona se fue, no hizo nada ni dijo nada.

Terminó, dejó mi cuerpecito en el piso y me dijo al oído que si decía algo, les iba hacer lo mismo a mis hermanas. Abrió la puerta, me limpié las lágrimas y fui con mi mamá. Ella, al verme que lloraba, me preguntó por qué, miré a mi hermano y le mentí.

Llegué a mi casa, me metí a bañar y nunca volví a usar ese vestido. Sentía que estaba apestado. Tuve muchas peleas con mi madre por eso hasta que terminó regalándolo.

Ellos se fueron de la comunidad en menos de un mes, nadie supo a dónde ni por qué. Y yo me quedé ahí, sin saber su nombre y siendo una cifra más.

CAPÍTULO 4

Violencia sexual en la primera infancia

Lic. María del Rosario Alfaro Martínez
directora general de Guardianes, A. C.

- *¿Que abusaron sexualmente de un bebé? ¿Cómo crees? Eso no es posible, es un mito urbano.*
- *No te preocupes, si tuviste relaciones sexuales con tu esposo y tu bebé estaba acostado al lado de ustedes, no pasa nada. Los bebés no se dan cuenta, ellos aún no tienen ninguna idea de qué es la sexualidad o el sexo.*
- *Mi hijo de 3 años prendió la televisión y por error vio el canal pornográfico, ¿eso puede dejarle alguna secuela? Últimamente ha llorado mucho en la noche y le da miedo dormir solo, ya no quiere que le apaguemos la luz, ¿tendrá alguna relación con la escena sexual que vio?*
- *En el kínder de mi hija encontraron a dos niños de 4 y 5 años teniendo relaciones sexuales, uno le hacía sexo oral al otro. ¿Dónde aprenden esas cosas los niños? Definitivamente cada vez están más revolucionados.*

Desde que Freud publicó sus ensayos sobre la sexualidad infantil a principios del siglo xx,[1] el tema ha sido tratado por numerosos profesionales; sin embargo, en el ámbito cultural y social

---

[1] *Tres ensayos sobre teoría sexual* en 1905, *Teorías sexuales infantiles* en 1908 y *Organización genital infantil* en 1923.

muchas personas consideran que es un mito que exista la sexualidad infantil, y si somos incapaces de reconocer la sexualidad de niñas y niños, menos tenemos la capacidad de detectar oportunamente la violencia sexual que sufren las y los menores de 6 años.

Derribando mitos, hay que afirmar categóricamente que la violencia sexual hacia niñas y niños es algo que por desgracia ocurre, y que como toda violencia sexual, es un grave delito que con frecuencia queda impune, ya que los niños y las niñas tardan mucho en comprender lo que les sucedió y no pueden verbalizarlo aún debido a que la mayoría no cuenta con el lenguaje adecuado para poder describir lo que les está pasando, ni siquiera con la comprensión de que cierta forma de ser tocado es nociva, como se menciona en el capítulo 3. Eso hace que además del trauma haya un problema grave de comunicación, no sólo por la parte emocional, sino porque incluso no se cuenta con las palabras necesarias para comprender y transmitir lo que está aconteciendo.

Hablar de haber sido victimizada o victimizado sexualmente es difícil a cualquier edad. Incluso muchas personas adultas que tienen educación, habilidades emocionales y sociales no pueden hablar del tema y menos denunciarlo oportunamente, por eso, vale la pena que comprendamos cuál es la razón por la que no se habla de la violencia sexual o por qué cuesta hacerlo, lo cual hace que la restitución de derechos de la víctima y la reparación emocional sea algo casi imposible.

> Los adolescentes y los jóvenes rebeldes y violentos manifiestan este comportamiento como un grito desesperado de denuncia al maltrato, abuso y negligencia que sufrieron en etapas más tempranas; es decir, que fueron víctimas de eventos traumáticos durante su primera infancia y el resto de su niñez.

Necesitamos comprender cuál es el desarrollo humano normal y por qué es tan importante la primera infancia, cómo se desarrolla la sexualidad infantil y por qué una experiencia traumática en esta etapa deja hondas secuelas en la personalidad y en la vida afectiva y sexual de una persona, secuelas que pueden ser más graves que en otras etapas de la vida.

De esta manera, podríamos comprender que los adolescentes y los jóvenes rebeldes y violentos manifiestan este comportamiento como un grito desesperado de denuncia al maltrato, abuso y negligencia que sufrieron en etapas más tempranas; es decir, que fueron víctimas de eventos traumáticos durante su primera infancia y el resto de su niñez.

Desarrollo infantil

> Cuando las primeras relaciones en la vida de un niño han
> sido erróneas, es muy difícil remediarlo más tarde.
>
> NIELS PETER RYGAARD

Es importante conocer qué es el desarrollo sano, cómo afecta la crianza y los vínculos afectivos con los primeros cuidadores de modo que gracias a ese contexto podamos entender la gravedad del trauma. Comencemos primero por comprender qué es normal y sano en el desarrollo infantil. Para ello es necesario analizar este proceso bajo dos coordenadas:

1) Lo que las niñas y los niños necesitan conseguir o alcanzar en su desarrollo físico, emocional y social.
2) El punto más importante: la relación de cuidado que se gesta con las madres, padres y cuidadores.

Ya desde las teorías psicológicas clásicas vemos que esta primera etapa de la vida es clave para desarrollar habilidades sociales, recursos emocionales y, sobre todo, tener una estructura física y neurológica sana.

Los últimos descubrimientos nos dicen que incluso desde la vida intrauterina, y sobre todo en los primeros años de desarrollo, se dan varios estadios que permanecerán a lo largo de toda la vida.

Estadio I: Organización física

Rygaard menciona que "el proceso de concepción genética, la vida en el útero y las circunstancias del nacimiento condicionan la organización física en nuestro contexto, especialmente la organización del sistema nervioso central".

Desde la etapa fetal resulta muy importante la relación con la madre, pues para el desarrollo del cerebro del feto se necesita que la madre tome los cuidados adecuados de alimentación, descanso y salud que le permitan al nuevo ser crecer sanamente. Por ejemplo, debe de evitarse el alcohol, ya que, aun en pequeñas cantidades, es absorbido por el feto y tiene repercusiones nocivas en su cerebro.

Asimismo, el primer año de vida es crucial porque se desarrollan con mayor fuerza las conexiones neuronales. Físicamente, esta etapa es la más importante, ya que al resultado del desarrollo corporal de ésta se le conoce como permanencia orgánica. (Rygaard, 2008).

En este primer año, estimular al bebé a través del contacto físico le ayuda a aprender progresivamente a estabilizar sus ondas cerebrales tanto en momentos de vigilia como al dormir. Gracias a este contacto también puede aprender a autorregularse, a poner atención y a controlar su respiración. Cuando los bebés logran tener un horario, su sistema digestivo, su respiración, su frecuencia cardiaca y sobre todo su sistema inmunológico se refuerzan y funcionan mejor. Se le llama "permanencia orgánica" a esta etapa porque lo que se hace a nivel físico con los bebés, así como la alimentación y el cuidado que reciben, contribuyen a que todo el cuerpo pueda crecer y desarrollarse.

Estadio II: Organización sensorial

La primera tarea de un bebé es construir un sistema sensorial congruente (Rygaard, 2008). Esto es, poder seleccionar la información interna de la externa, establecer la diferencia entre ellas, pero también la capacidad para poder combinarlas, lo cual le permite poner límites, relacionarse con su entorno y, lo más importante, descubrir cuándo sentirse cómodo o incómodo.

La organización sensorial es, según Rygaard (2008), "la facultad de evocar a una persona y a su entorno, la capacidad de pasar por alto los estímulos irrelevantes y de retener los estímulos importantes para sobrevivir, la facultad de discriminar los estímulos internos de los estímulos externos... Es la capacidad de crear las prioridades adecuadas en la percepción".

Aquí es importante que la madre o el cuidador primario creen un ambiente que le permita al niño ordenar sus informaciones sensoriales y hacer de ellos conjuntos significativos. A través del contacto amoroso el niño se sentirá seguro y podrá desarrollarse de forma plena; por el contrario, cuando siente miedo porque su figura de cuidado lo hace sentir inseguro entonces percibe el mundo como hostil e impredecible.

Estadio III: Organización sensoriomotriz

En esta etapa los niños aprenden a moverse en el espacio, a poder entender su cuerpo y saber cómo dirigirlo, a recoger un juguete, a caer y levantarse. Es una etapa de pruebas y errores que le permiten organizarse y coordinarse para lograr un equilibrio. Ésta comienza con la proyección de emociones hostiles en los otros, por ejemplo, cuando mamá está enojada, el bebé puede distinguir que tal vez él es la causa de este acontecimiento. Esto lo lleva a percibir a su mamá, a darse cuenta de que él provocó esa emoción y, lo más importante, a ejecutar una acción.

En este estadio los bebés se dan cuenta de las reacciones de los adultos y aprenden a reaccionar por sí mismos, esto les permite integrar los conflictos y aceptar los sentimientos antagónicos. Asimismo, la organización sensoriomotriz es la capacidad de integrar la percepción y la acción (Rygaard, 2008).

Aquí es muy importante darnos cuenta de que en esta etapa se busca una conexión emocional más que propiciar un alejamiento. Por eso hay que crear espacios que a los niños les permitan organizar sus esquemas sensoriomotores y tomar conciencia de que sus acciones repercuten en el entorno.

Estadio IV: Organización de la personalidad

Cuando los niños desarrollan su percepción y su motricidad, comienzan a advertirse a sí mismos en relación no sólo con el entorno sino con las otras personas que los rodean; no sólo con objetos reales sino también simbólicos; por ejemplo, pueden reconocer a un animal en una foto. El cómo nos vemos a nosotros mismos en las relaciones que entablamos es la base para desarrollar la permanencia de la personalidad.

En palabras de Rygaard (2008): "El niño puede integrar al mismo tiempo emoción, pensamiento y discursos, memoria y capacidad de prever. Puede adaptar su comportamiento a la situación en cuestión e incorporar a sus actos las respuestas del entorno. Desarrolla el sentido de su propia posición en el tiempo, en el espacio y las relaciones sociales. Aprende a superar la fase de estar solo, sin la madre, y a actuar por sí mismo con los otros".

Estadio V: Organización social

En este estadio los niños logran ver cómo es la relación de su "yo" con los "otros". La permanencia social es la capacidad de interactuar y al mismo tiempo mantener los límites sin perder la identidad personal (Rygaard, 2008).

Esta etapa de vida, es decir, la primera infancia, es clave para saber cómo relacionarse con los otros. Cuando se tiene buentrato,[2] las niñas y los niños pueden crecer no sólo en el aspecto emocional, como algunos creen, sino en el aspecto físico, sensorial y motriz, lo cual les permite desarrollar una personalidad sana y un vínculo social con límites adecuados para crear una sana intimidad.

Ciertamente, la forma en que aprendimos a relacionarnos en la primera infancia es la base sobre la cual nos relacionamos más tarde. Teóricos como Erik Erikson nos revelaron que en esta primera etapa de vida se lleva a cabo un desarrollo psicosocial, como podemos ver en el cuadro 1.

Para Erikson, la primera infancia nos enseña, por la forma en la que se relacionan los niños con sus cuidadores, qué tanto podemos confiar y en quién desconfiar. Se aprende por cómo fuimos tratados: con ternura, comprensión, amor; es decir, con buentrato se desarrolla la confianza. En cambio, cuando se recibió un trato nocivo, dañino o negligente, se desarrolla la desconfianza y la inseguridad. En la primera infancia también aprendemos a ser interdependientes, es decir, a generar un equilibrio entre autonomía y

---

[2] Escribo "buentrato" junto, no separado como oficialmente se escribe en español: "buen" y "trato", porque Fina Sanz Ramón (2016) propone en su libro *El buentrato como proyecto de vida* que lo hagamos una sola expresión, como la palabra maltrato. Esto no sólo se fundamenta en juntar dos palabras, sino en hacer un cambio de perspectiva que nos ayude a tener mejores modelos de convivencia y que reconozcamos el buentrato en sus tres dimensiones: personal, relacional y social.

vergüenza, el cual, al mantener estos dos aspectos al margen, impedirá que nos hagamos daño al excedernos en alguno de ellos. Por último, adquirimos una correcta iniciativa que nos permita alcanzar metas y contar con la motivación interna que aporte a la superación de adversidades y el desarrollo de nuestro potencial.

	QUÉ APRENDO EN MIS RELACIONES	CRISIS PSICOSOCIALES SINTÓNICAS Y DISTÓNICAS	RELACIONES SOCIALES SIGNIFICATIVAS	FUERZAS BÁSICAS, VIRTUDES Y FUERZAS SINCRÓNICAS
1. Infante (0 a 18 meses)	¿Qué tanto puedo confiar?	Confianza vs. desconfianza básica	Persona maternante/díada	Esperanza. "Yo soy la esperanza de tener y dar."
2. Infancia (18 meses a 3 años)	¿Quién controla mi vida?	Autonomía vs. vergüenza y duda	Padres	Voluntad. "Yo soy lo que puedo querer libremente."
3. Preescolar, edad del juego (3 a 6 años)	¿Qué puedo hacer para conseguir mis metas?	Iniciativa vs. culpa	Familia básica/tríada	Propósito. "Yo soy lo que puedo imaginar que seré."

Cuadro 1. Ciclo vital – Primera infancia (Erikson, 1982)

Otros autores como Bowlby, y posteriormente Barudy y Siegel, han hablado de forma especial, por su experiencia profesional con niños y niñas maltratados, de la importancia de una relación de buentrato en la infancia, no sólo para asuntos emocionales o psicológicos sino sobre todo para el desarrollo de un cerebro sano. Al realizar tomografías a niños en esta etapa se ha podido observar que quienes reciben buentrato tienen un cerebro

> Quienes reciben buentrato tienen un cerebro sano que incluso se desarrolla físicamente a un tamaño adecuado; en cambio, el cerebro de los niños en negligencia puede ser de menor tamaño.

sano que incluso se desarrolla físicamente a un tamaño adecuado; en cambio, el cerebro de los niños en negligencia puede ser de menor tamaño.

Esta breve revisión teórica sólo nos permitirá entender cómo afecta una o múltiples experiencias traumáticas al desarrollo físico, mental y emocional de niñas y niños.

¿Qué es el trauma?

En palabras de Schmelzer (2018), "llamamos trauma a una experiencia de profundo malestar y dolor emocional que nos supera, que nos lleva a no poder depender de nosotros mismos, a sentirnos desprotegidos. Los signos distintivos del trauma son los sentimientos de terror, horror e indefensión".

El trauma son las consecuencias o efectos al haber sido expuestos a situaciones de peligro cuando éstas sobrepasan nuestra capacidad de afrontamiento. Si el peligro es muy aterrador, toda experiencia que provoque recuerdos de algo que ocurrió hace a la víctima revivir dicho acontecimiento a través de pesadillas, temores irracionales, miedo a realizar algunas actividades, a personas, lugares, incluso olores y sabores (Baita, 2015). A la experiencia de revivir el peligro le llamamos trauma.

El cuadro 2 puede ayudarnos a entender lo que el peligro genera en el cerebro.

Una sola experiencia traumática puede que no deje secuelas emocionales siempre y cuando se acompañe de resiliencia y se cuente con recursos suficientes para sobreponerse a esta situación; incluso dicha "herida" puede convertirse en una experiencia transformadora que permita alcanzar un mejor conocimiento personal, desarrollar recursos emocionales y lograr ser más empático y resiliente. Desafortunadamente, muchos niños y niñas sufren múltiples experiencias traumáticas de violencia física, emocional y sexual. Cuando no se trata de un evento aislado, expertos como Judith Herman llaman a las consecuencias del trauma repetitivo trastorno de estrés postraumático complejo (Herman, 2004).

Estado mental	CALMA	ALERTA	ALARMA	MIEDO	TERROR
Áreas cerebrales activas PRIMARIA/ Secundaria	NEOCORTEZA Corteza	CORTEZA Subcorteza	SUBCORTEZA Sistema límbico	SISTEMA LÍMBICO Cerebro medio	CEREBRO MEDIO Tallo cerebral
Nivel cognitivo	Abstracto creativo	Racional concreto	Emocional irracional	Reactivo	Reflejo
Sentido del tiempo	Futuro-pasado	Días-horas	Horas-minutos	Minutos-segundos	Se pierde la noción del tiempo
Esfera de preocupación	El mundo	La comunidad	La familia	Uno mismo	La integridad del cuerpo

Cuadro 2. Tomado de Sandra Baita, *Rombecabezas*, 2015

El principal mecanismo de defensa del trastorno de estrés postraumático complejo es la disociación, y sus síntomas son los siguientes: amnesia, pérdida de habilidades y conocimientos que se habían adquirido, despersonalización, pérdida del afecto, necesidades, deseos y fantasías, así como también anestesia o pérdida de sensaciones, insensibilidad al dolor e incluso pérdida de funciones motoras concretas (por ejemplo, parálisis o dificultad para hablar); se reviven afectos o pensamientos asociados a la experiencia traumática, hay alteraciones en la relación con los otros y cambios importantes en el ánimo como la irrupción de estados emocionales intensos. En ocasiones se presentan algunos síntomas orgánicos como tics.

Lo más grave de la violencia sexual en la infancia es que generalmente se lleva a cabo por una persona cercana, incluso del círculo íntimo. En el caso de niñas y niños, las consecuencias son más severas cuando es perpetrada por uno de sus cuidadores, porque al tiempo que existen sentimientos de amor y cariño hacia el cuidador, surgen sentimientos de rechazo y dolor por la violencia sufrida.

Una de las razones por las cuales se guardan estas cosas en secreto durante años es porque se vive una experiencia traumática que provoca amnesia, desconexión, y si además fue en la primera infancia, puede desarrollarse un daño neurológico, fisiológico, sensorial y de percepción, no sólo de la realidad o de los otros, lo más grave es que se daña la percepción del propio "yo".

Amnesia, pérdida de habilidades y conocimientos que se habían adquirido, despersonalización, pérdida del afecto, necesidades, deseos y fantasías, así como también anestesia o pérdida de sensaciones, insensibilidad al dolor e incluso pérdida de funciones motoras concretas (por ejemplo, parálisis o dificultad para hablar); se reviven afectos o pensamientos asociados a la experiencia traumática, hay alteraciones en la relación con los otros y cambios importantes en el ánimo como la irrupción de estados emocionales intensos. En ocasiones se presentan algunos síntomas orgánicos como tics.

Secreto y silencio

Las personas que sufrieron victimización sexual o violencia sexual en la infancia y que ahora son adultas sienten miedo de que, al contar su historia, no les creamos, y tienen mucha razón. Generalmente dudamos de que nos digan la verdad, desconfiamos de su juicio, de su inocencia, incluso de su capacidad para percibir la realidad; creemos que mienten, que se equivocan y que no recuerdan bien. Tal vez experimentamos esto porque justo así es como se sienten las víctimas: ellas también cuentan con sólo parte de la información en su memoria y recuerdos, como si el olvido fuera una cosa que nublara su propia percepción.

Ellos dudan de sus propios recuerdos y esperan que al contarlos se presente una señal que les permita confiar y poder recuperar la memoria. Es por esta razón que la muestra más pequeña de duda genera en las víctimas un profundo dolor emocional, ya que es la comprobación de que nadie va a creerles. Esto puede ocasionar que la víctima cambie su discurso e incluso que niegue el hecho, pues resulta muy dolorosa la duda y el cuestionamiento.

Debemos de comprender que la amnesia, la vergüenza, la culpa, la duda y el daño a la percepción del yo favorecen el silencio sobre esta situación, y los recuerdos pueden emerger 10, 15, 20 o 30 años después.

La buena noticia, en medio de todo esto, es que si se hace una intervención adecuada en la primera infancia, es más probable que se logre una recuperación dado que el cerebro es mucho más flexible en esa etapa. La mala noticia es que cuando esto no se trata a tiempo, deja secuelas que pueden acompañar a la víctima durante toda su vida.

¿Qué hacer si una persona sufrió violencia sexual en la primera infancia?

Cada caso es único y multifactorial, así que el tipo de intervención adecuada depende de muchas circunstancias, pero de manera general podemos decir que cuando nos damos cuenta de que niñas o niños menores de 6 años están sufriendo violencia sexual, deben de atenderse tanto los infantes como la o las personas que se están encargando de la actividad de crianza, ya que se ha observado que lo que más ayuda a sanar es la relación que se da entre ellos.

La buena noticia, en medio de todo esto, es que si se hace una intervención adecuada en la primera infancia, es más probable que se logre una recuperación dado que el cerebro es mucho más flexible en esa etapa. La mala noticia es que cuando esto no se trata a tiempo, deja secuelas que pueden acompañar a la víctima durante toda su vida.

A continuación enlistaré lo que podemos hacer si nos damos cuenta de que una niña o un niño está sufriendo violencia sexual:

- Si ellos revelan de alguna manera con su lenguaje que están sufriendo un abuso, lo primero que debemos de hacer es creerles, pues esto restaurará la confianza dañada. El menor signo de duda complica el avance en el tratamiento. Se ha visto que creerles a las niñas y niños es un factor que favorece el proceso de restitución de derechos y, lo más importante, el proceso de restauración emocional, y en el caso de la primera infancia, el proceso de restauración orgánica de su cerebro.

- Frenar por completo el abuso, poner a la niña o niño a salvo y alejarlo del agresor.

- Romper con el silencio, pero cuidar la intimidad de los niños. A veces confundimos mantener el secreto o el silencio con cuidar la intimidad del niño o la niña. Contar y hablar del evento es importante, no necesariamente tiene que ser con todas las personas, pero sí con aquellas que puedan intervenir para encontrar justicia y restauración.

- Realizar una denuncia legal también es importante. Esto ayuda a recuperar la seguridad de las víctimas, aunque hay que aclarar que el proceso legal debería de ser independiente del proceso terapéutico. Aunque legalmente el delito proceda o no, la víctima

> Realizar una denuncia legal también es importante. Esto ayuda a recuperar la seguridad de las víctimas.

tiene derecho a un tratamiento psicoterapéutico que le ayude a sanar.

- Evitar que el niño o niña que vivió el abuso sexual quede excluido del círculo familiar, la convivencia o de las reuniones familiares. Algunas veces se generan rupturas en las que tanto la víctima del abuso sexual como sus cuidadores parecen quedar fuera del círculo o de las reuniones familiares, sobre todo cuando hay un proceso legal de por medio y el agresor es un miembro de la familia. Si ése fuera el caso, es importante generar acuerdos al interior de la familia que garanticen la pertenencia y la comodidad del niño o niña, por lo que en ocasiones (si se considera conveniente) quien deberá dejar de asistir a las reuniones será el agresor.

- Límites. Es indispensable tener en cuenta que los acuerdos y los límites que establezca la familia en relación con el agresor deben de ser generados o establecidos por los adultos y no por los niños o niñas que vivieron el abuso. Los adultos son los responsables de restaurar la seguridad.

- Permitir y favorecer la expresión de emociones. El enojo es una de las emociones que predominantemente se experimentan al haber vivido un abuso sexual; por ello, es de suma importancia que demos lugar a la expresión del enojo, tanto de forma verbal como kinestésica, es decir, es válido y necesario que el niño o niña exprese el enojo e incluso verbalice hacia qué, quién o quiénes lo experimenta. También puede que lo exprese liberando energía. Para hacerlo, podemos acompañarlo a correr, hacer ejercicio físico, patear una pelota, apretar, arrojar o golpear algún objeto, algo que le permita experimentar una descarga física sin lastimarse y sin generar daños.

- Evitar conversaciones o preguntas repetitivas. Debemos de cuidar que el abuso sexual no se vuelva el principal tema de interés ni el centro de las conversaciones, especialmente las que entablamos con el niño o niña que lo vivió.

- Escuchar con atención, lo que implica mantenernos atentos y receptivos a lo que los niños o niñas expresen.
- Evitar culpabilizar, responsabilizar o juzgar a los niños o niñas que hayan vivido un abuso sexual.
- Brindarle un acompañamiento integral. Es importante que el niño o niña pueda recibir un tratamiento psicológico por parte de un especialista con experiencia en temas de violencia, abuso sexual y trabajo en red, ya que, en caso de ser necesario, el terapeuta podrá determinar la necesidad de realizar una interconsulta y trabajar en conjunto para lograr un tratamiento integral.

> Evitar culpabilizar, responsabilizar o juzgar a los niños o niñas que hayan vivido un abuso sexual.

- Diferenciar las emociones de los niños o niñas de las emociones de sus cuidadores, y cuidar la manera en la que nos expresamos frente a ellos. En ocasiones perdemos de vista que los adultos y los infantes vivimos las emociones de modo distinto; por ejemplo, la duración del enojo puede ser más breve en los niños y más larga en los adultos, ya que en estos últimos es más frecuente que se transforme en rencor o resentimiento. Sin embargo, es probable que, aunque el enojo pueda tener menor duración en el niño o niña, busque empatizar con la emoción que expresa el adulto; por tanto, es importante cuidar la manera en la que nos expresamos frente a los niños y niñas, pues a través de nuestras palabras podremos favorecer u obstaculizar la forma en la que elaboren sus emociones.
- Utilizar palabras apropiadas para referirnos al abuso sexual y al agresor. La manera en la que los adultos nos expresamos del abuso sexual y del agresor tiene un peso importante para el niño o la niña, ya que a partir de nuestras reacciones,

expresiones verbales y de las emociones que denotamos, el niño o la niña identificará la gravedad de lo sucedido. Por tal motivo es conveniente cuidar nuestro vocabulario y los adjetivos calificativos que utilicemos con el fin de evitar transmitirles una percepción catastrófica e irreparable de las cosas.

- Entender el perdón como un proceso individual que no debe de obstaculizarse ni acelerarse. El perdón lleva su propio tiempo; algunos niños o niñas son más resilientes y logran perdonar aun antes que nosotros. Debemos de ser respetuosos y evitar obstaculizar su proceso, pues eso ayudará a su recuperación emocional. En otros casos en los que los niños o niñas permanecen enojados por más tiempo no deberán de ser forzados a "perdonar", pues si dicho proceso se precipita, puede generar un efecto contrario produciendo malestar o culpa por sentir que "debe de hacerlo" pero internamente "no puede o no es capaz de lograrlo".

- Comprender que perdonar no significa restaurar la relación ni evitar un proceso judicial y penal. En los casos de violencia sexual a niñas y niños es necesario alejar totalmente al agresor de la víctima. El perdón ayuda a la sanación emocional de la víctima, pero eso no quita el proceso legal; la violencia sexual infantil es un delito grave que debe de castigarse, y en caso de quedar impune debe de haber un alejamiento físico entre el agresor y la víctima.

La violencia sexual infantil es un delito grave que debe de castigarse.

Para los cuidadores

La violencia generalmente no daña sólo al que la sufre, sino también a aquellas personas que lo acompañan, incluso los terapeutas padecen algo que se conoce como "daños secundarios". Esto mismo es lo que experimentan las madres, padres y cuidadores de niños y niñas víctimas de abusos sexuales, por lo tanto del mismo modo es importante acompañarlos para que sean más resilientes y puedan empoderarse frente a la víctima.

Personas adultas que recuerdan haber sufrido violencia sexual en la primera infancia

Con las personas adultas que después recuerdan los abusos sexuales que sufrieron durante la infancia tenemos que considerar un protocolo de intervención y un tratamiento diferentes. Personalmente me gusta mucho la forma de intervención de Ellen Bass y Laura Davis, quienes han elaborado un protocolo que busca restaurar a la persona sin revictimizarla, sacando lo mejor de ella en el proceso; es decir, es de vital importancia dejar claro que la violencia sexual no tiene por qué "marcar la vida" de nadie, ni volverse algo que la defina, ya que las personas no son cien por ciento responsables de sus heridas, pero sí son totalmente responsables de su sanación. Para ello, las autoras presentan una serie de pasos que intentan guiar a los supervivientes de abusos sexuales hacia un proceso personal que les permita recuperar sus sentimientos, su autoestima y la voluntad de vivir plenamente (Bass y Davis, 1995).

Conclusión

La violencia sexual existe. Necesitamos visibilizar que también ocurre en niñas y niños menores de 6 años, y que las consecuencias de esta experiencia traumática son más graves que en otros momentos de la vida porque dejan no sólo un daño emocional, sino un daño orgánico y, peor aún, las secuelas acompañan a la persona durante todo su desarrollo.

Si queremos hacer leyes y modelos de intervención es urgente y necesario que las consideremos a ellas y a ellos. Pero sobre todo resulta imprescindible capacitar a madres, padres y cuidadores para que logren reconocer la violencia y puedan frenarla de inmediato. Eso a veces parece una misión imposible; sin embargo, es mucho más fácil si enseñamos y mostramos qué es un sano desarrollo e incluso si en la primera infancia practicamos pruebas de medición que nos permitan saber si las niñas y los niños tienen un desarrollo normal. De esta forma podremos, a la primera señal de alarma, darnos cuenta de que tal vez la niña o el niño están sufriendo una situación de violencia.

> Resulta imprescindible capacitar a madres, padres y cuidadores para que logren reconocer la violencia y puedan frenarla de inmediato. Eso a veces parece una misión imposible; sin embargo, es mucho más fácil si enseñamos y mostramos qué es un sano desarrollo.

Bibliografía

Baita, S. (2015). *Rompecabezas. Una guía introductoria al trauma y la disociación en la infancia.* Buenos Aires.

Bass, E., y L. Davis (1995). *El coraje de sanar. Guía para las mujeres supervivientes de abusos sexuales en la infancia.* México: Urano.

Erikson, E. H. (1982). *El ciclo vital completado.* Paidós.

Herman, J. (2004). *Trauma y recuperación. Cómo superar las consecuencias de la violencia.* Madrid: Espasa-Calpe.

Rygaard, N. P. (2008). *El niño abandonado. Guía para el tratamiento de los trastornos de apego.* Barcelona: Gedisa.

Schmelzer, G. (2018). *El viaje a través del trauma. Guía de caminos para la sanación en 5 fases de un trauma repetitivo.* Barcelona: Obelisco.

Los pedazos de mí

ÑEÑE
Culiacán, Sinaloa

Cuando mi mamá se volvió a casar, al principio fue difícil. Mi nuevo papá no me trataba del todo bien, hasta que la relación mejoró. Nosotros vivíamos hasta Santa Fe, muy lejos de donde yo estudiaba y a lo mejor por esa razón ese día no pudieron llegar a tiempo por mí al kínder. Por ello, le pidieron a ese viejo asqueroso llamado José Luis Hernández, el abuelo de mi nuevo papá —un señor de la tercera edad que durante un tiempo fue maestro de beisbol para niños chiquitos—, que les hiciera el favor. Ese asco de ser humano fue por mí al kínder. Todo estaba bien, todo normal, hasta que estuvimos en la cocina y me sentó en sus piernas... Comenzó a tocarme sobre los shorts... Yo no sabía qué pasaba. Pero después de un rato me llevó a su cuarto, me puso sobre la cama... esa pinche cama que cada que los visitábamos sentía como un recordatorio del infierno que viví aquel día...

Al escribir esto siento que de nuevo estoy ahí. No sé qué pasa conmigo, pero estoy temblando toda... Pasaron los días y en el cumpleaños de mi hermana, que ella había elegido con temática de las Chicas Súperpoderosas, mientras mi mamá la peinaba, yo, no sé por qué, le solté que el viejo ese me había

> Al escribir esto siento que de nuevo estoy ahí. No sé qué pasa conmigo, pero estoy temblando toda...

agarrado "ahí". Mi mamá me volteó a ver: "¿Estás segura?", me preguntó. Me asustó su reacción y le mentí, sentí que iba a regañarme, le dije que sólo me había tocado como una caricia. Tenía mucho miedo.

Aun así, fuimos a la fiesta de mi hermana. Ahí estaba él y todo fue normal, como la familia perfecta que siempre han querido aparentar ser.

Me cuesta recordar, pero ahora sé que me llevaron con una psicóloga, aunque en ese tiempo para mí sólo era una nueva amiga, jugábamos con plastilina y hacíamos dibujos. En una de las sesiones recuerdo que tenía que trazar una casa, así que le hice una chimenea grande y llena de humo. La casa en sí sólo era un cuadrado con triángulos. Me sentía tan segura ahí con mi psicóloga que quería quedarme con ella para no ver al viejo ese.

Supongo que la psicóloga les dijo a mis papás que era cierto lo que yo en un principio le había dicho a mi mamá, porque después me dieron un libro en el que decía: "Qué partes no te debe de tocar nadie". Era uno con portada negra, transparente. Cuando leí el libro me sentí mal, porque a mí ya me habían hecho cosas que ahí se mencionaban; me llegó muy tarde.

Lo poco que recuerdo es que mi nuevo papá lo enfrentó y no sé qué se hayan dicho, pero no fuimos a esa casa por un tiempo. Sin embargo, en esa familia no importa qué delito cometas; al rato se les pasó el enojo y volvimos a ir.

Entre más crecía, menos entendía las cosas. Sentía un odio intenso, una ansiedad que no se me quitaba por más que comiera y tenía conflictos constantes con mis padres. Ellos comenzaron a molestarse, ya que las cosas "habían vuelto a la normalidad" y yo no estaba cooperando, dado que "me rebelaba" al no querer ir a esa casa, por no querer saludar de beso a ese asqueroso que había abusado de mí y por no querer convivir en el mismo espacio.

Yo sólo quería que ese hombre desapareciera para siempre

Mi mamá… Ella entendía un poco más. Me daba la razón al no saludarlo, y algunas veces, cuando ya no aguantaba permanecer más en aquella maldita casa, me llevaba a la nuestra, lejos de mi abusador.

Amo a mis padres, pero al mismo tiempo los odio por no haber hecho nada. No valió la pena que me llevaran tanto al psicólogo si al final me veía obligada a convivir con mi abusador. Yo no le contaba a nadie de esto porque era un secreto, como todo en mi familia, incluso fue un secreto para mis hermanos. La primera vez que lo externamos fue con el doctor de mi mamá, resultó doloroso a pesar de que en mi lugar ella habló de mi abuso.

Pasaba el tiempo y yo me llenaba de sentimientos negativos. No podía entender con qué huevos mi papá había decidido que no se iba a hacer justicia, que sería MI secreto, como si fuera MI CULPA. Recuerdo que en mis 15 años estuvo presente ese hombre, aunque yo dije claramente que NO lo quería en mi fiesta. Prefería mil veces no celebrar a que ese puerco estuviera ahí. De nuevo, nadie me escuchó. "¿Cómo no va a ir? Si es el abuelo de tu papá." No importó que me echara a perder la vida. En fin… fueron muchos problemas con mis papás porque les echaba en cara eso.

El abuso me dejó tan jodida que cuando intentaba tener algo con algún muchacho me agarraban unas "ñáñaras", como yo las llamaba; eran unas tremendas ganas de vomitar y un miedo bien cabrón que hacía que los bloqueara y no quisiera saber nada de ellos.

El abuso me dejó tan jodida que cuando intentaba tener algo con algún muchacho me agarraban unas "ñáñaras", como yo las llamaba; eran unas tremendas ganas de vomitar y un miedo bien cabrón que hacía que los bloqueara y no quisiera saber nada de ellos.

Dentro de lo malo... lo bueno. Este señor murió cuando yo estaba en el segundo año de la universidad. Fui tan feliz y no me arrepiento. Sólo lamento que su muerte no haya sido más lenta y dolorosa.

Pero es raro que una tenga justicia en este tipo de mierdas y más cuando tus propios padres son prácticamente cómplices. Porque no hay otras palabras. He pensado y pensado y pensado... y ésa fue mi conclusión. Él era un señor de 90 años que abusó de mí y mis papás no lo demandaron ni hicieron nada, ni lo más mínimo para evitar que su hija creciera con la puta idea de que había sido SU CULPA, y que ella tuviera que cargar con esa cruz. Que fuera a los 5 años no quiere decir que no duela a mis casi 26. Duele como la mierda, y más a esta edad. Porque de niña una no sabe, pero ahorita ya no le encuentro justificación a lo que me hizo. Al secreto, a la vergüenza, a los pleitos, al encubrimiento: "No se le puede hacer nada porque es el abuelo de tu papá", pues al final él sí tiene su sangre y yo no.

Mis padres ven esto como un trauma que no dejo ir, que ya fue hace mucho, pero lo que más me lastimó fueron sus palabras hacia mi dolor. "Lo siento, pero no fue mi culpa, ya no hay nada que hacer", "Eso nada más es una excusa para causar problemas", acompañado de esas miradas de mi papá llenas de molestia cada vez que yo veía fijamente y con odio a quien fue mi abusador.

Actualmente mi papá dice que es mentira mía lo que me pasó, que no me cree porque soy muy mentirosa, porque cuando decidí "experimentar" con una mujer "sólo le echaba mentiras", pero mi papá es homofóbico, cómo le iba a contar sobre eso.

A pesar del profundo amor que siento por ellos, mi niña interior está pidiéndome a gritos que busquemos un poco de justicia.

Que sea válido, que sea escuchado, que lo que me pasó sí importa.

Quiere decir la verdad, aunque eso signifique perder a su familia.

Que sea válido, que sea escuchado,
que lo que me pasó sí importa.

Quiere decir la verdad, aunque eso signifique
perder a su familia.

Perdón, mamá; perdón, papá, si los agravio diciendo uno
de los secretos sucios de la familia.

Pero necesito alzar mi voz,
ésa que ustedes no alzaron por mí.

Que se sepa que José Luis Hernández fue un abusador,
que me torturó por años. Siempre estuve alerta,
siempre cuidando a mis hermanos,
que a ellos no les pasara lo mismo que a mí.

Porque yo los adoro, yo podía aguantar lo mío,
pero si tocaban a uno de ellos, no sé qué hubiera pasado.

Ese hombre se llevó casi toda mi vida y su recuerdo aún
me persigue y duele, pero decir esto me ayuda porque he
sido muy fuerte durante muchísimo tiempo
y es momento de darme el valor
y el respeto que no se me dio.

Yo estoy aquí para alzar la voz por la Maydeé
de 5 años a la que nadie protegió de verdad.

No más secretos sucios de familia,
no más encubrimientos de abusadores.

CAPÍTULO 5

La violencia sexual infantil y su acompañamiento desde el ámbito psicológico

DRA. DENISE MEADE GAUDRY

La vivencia de incidentes estresantes o de situaciones adversas en cualquier etapa del desarrollo puede representar un gran impacto psicológico para la persona que lo sufre. Sin embargo, si sucede durante la infancia, será mayormente significativo, como se menciona en el capítulo 4. El niño, al no ser lógica, psicológica y socialmente maduro y al encontrarse en fase de desarrollo, requiere de condiciones específicas de estabilidad y de protección. Por tanto, ante condiciones inadecuadas o negativas en su cuidado y crianza, los efectos en su desarrollo pueden ser muy graves y puede verse comprometida un gran número de variables neuropsicológicas, por ejemplo, la maduración del sistema nervioso y del sistema neuroendocrino, lo que puede repercutir y ser el origen de severos problemas de personalidad y de adaptación a corto y largo plazo (Van der Kolk, 2003).

La forma de reaccionar ante situaciones vitales adversas dependerá de distintas características y de fuentes diferentes, tales como condiciones específicas del suceso, momento particular en el que se produjo, ambiente cultural y social, fase evolutiva, etc., y varía de una persona a otra (Labrador y Alonso, 2007).

Es necesario establecer a qué nos referimos cuando hablamos del impacto traumático en las víctimas de abuso sexual en la infancia, ya que los casos son atendidos por diferentes profesionales (médicos, trabajadores sociales, psicólogos, policías, abogados, forenses y jueces), y de acuerdo con su disciplina, cada uno de ellos utiliza un nombre específico para referirse al mismo hecho. Algunos lo consideran ataques al pudor, estupro, violación, sodomía, pedofilia, pederastia, incesto, etc., motivo por el cual el abuso sexual infantil (ASI) cuenta con una gran variedad de denominaciones, lo que provoca una falta de precisión, inexactitud e incertidumbre en el diagnóstico, pudiendo generarse con ello la incorrecta identificación del hecho y la deficiencia en la imputabilidad (Figuero y Otero, 2005). Por tal motivo, la definición más difundida y utilizada es la que proporciona la National Center for Child Abuse and Neglect, que define el abuso sexual infantil como:

> Los contactos o interacciones entre un niño y un adulto, cuando el primero se utiliza para estimulación sexual del segundo o de otra persona. También puede cometerse por un menor de 18 años cuando es mayor que la víctima o cuando está en situación de poder o control sobre la víctima. Además, el abuso sexual infantil (ASI) comprende la violación (penetración en vagina, boca o ano con el pene, dedo o con cualquier objeto, sin el consentimiento de la persona), el contacto genital-oral, las caricias (tocar o acariciar los genitales del otro, incluyendo la masturbación forzada para cualquier contacto sexual sin penetración, el obligar a que el niño se involucre en contactos sexuales con animales), el obligar al niño a ver actividades sexuales de otras personas, las peticiones sexuales, el voyerismo, el exhibicionismo (mostrar los genitales de manera inapropiada), y también incluye la explotación sexual infantil (implicar a menores en conductas o actividades que tengan que ver con la producción de pornografía o promover la prostitución infantil o el tráfico sexual). En ocasiones se habla de agresión sexual cuando se añade un componente de violencia al abuso sexual [Redondo y Ortiz, 2005].

En la definición anterior se considera una relación de sometimiento entre agresor y víctima, en la cual esta última rechaza el acto sexual de forma explícita o implícita por estar incapacitada o por falta de discernimiento. En el abuso sexual infantil también se ven involucrados, además de la víctima, los miembros del entorno familiar, social, ético y jurídico (Bustos, Rincón y Aedo, 2009).

Generalmente, el abuso sexual infantil se presenta en comorbilidad con otros tipos de maltrato, como puede ser el psicológico, la negligencia, el emocional o el físico. Sin embargo, por sí solo, se considera un tipo más de violencia durante la infancia. El ASI es una conducta reiterada en el tiempo, sostenida, repetitiva, persistente e inapropiada que daña o reduce sustancialmente tanto el potencial creativo como el desarrollo de facultades y procesos mentales del niño (inteligencia, memoria, reconocimiento, percepción, atención, imaginación y moral). Es así como el menor va siendo sometido y la situación se transforma en un atrapamiento psicológico, en el cual queda preso de las demandas del abusador; le es imposible entender lo sucedido o manejar su medio ambiente. Debido a la confusión y el temor que dicha situación le produce, ésta se convierte en abusiva de tipo crónico. La gravedad del problema radica en las múltiples secuelas que desarrollan las víctimas de ASI, las cuales pueden ser muy diversas y su aparición muy incierta, lo que hace imposible establecer un síndrome o conjunto de síntomas específicos para ellas (Beltrán, 2009).

La repercusión del impacto de la conducta abusiva sexual a un menor se percibe en su conducta, en su malestar emocional y psicológico, así como en su vida social y en ocasiones en su cuerpo (Aguilar, 2009). Se ha observado una cierta correlación entre el abuso sexual sufrido durante la infancia y la aparición de alteraciones emocionales o de comportamientos sexuales inadaptados en la

> La repercusión del impacto de la conducta abusiva sexual a un menor se percibe en su conducta, en su malestar emocional y psicológico, así como en su vida social y en ocasiones en su cuerpo.

vida adulta; las consecuencias a largo plazo son más inciertas y de difícil detección (Echeburúa y Guerricaechevarría 2002).

Aunque en ocasiones el impacto psicológico del abuso sexual a largo plazo puede ser pequeño (a menos que se trate de un abuso sexual grave con penetración), si la víctima sufre otras adversidades adicionales, como el abandono emocional, el maltrato físico, el divorcio de los padres, una patología familiar severa, etc., se pueden agravar las consecuencias derivadas del hecho (Echeburúa y Corral, 2006).

Los factores que determinarán el impacto psicológico del abuso sexual en el menor son la frecuencia de la condición abusiva, la duración, el tipo de abuso, la relación con el agresor, la fase del desarrollo psicológico de la víctima cuando tuvo lugar el suceso, los recursos personales de afrontamiento y de los factores amortiguadores con los que cuente la víctima, tales como las relaciones familiares cohesionadas, la red de apoyo social o la autoestima positiva. Estos factores amortiguadores ayudarán a la víctima en la reducción del impacto psicológico (Sarasua, *et al.*, 2013).

Por su parte, Finkelhor (1990) considera que el maltrato grave y continuo (y en su caso, sexual) ocasiona en el menor pérdida de confianza hacia otras personas, sentimiento de indefensión y desamparo y sexualización traumática, pues se incorporan aspectos sexuales en las relaciones interpersonales de manera precoz, lo que puede convertirse en dificultades para establecer relaciones íntimas normales, desconfianza generalizada, estigmatización personal, sensación de vergüenza y de culpa, aunado a la idea de haber sido responsable de los hechos.

Puede que el niño o la niña no desarrolle durante su crecimiento problemas aparentes derivados de la condición abusiva; sin embargo, es posible que se presenten como conflictos nuevos en la vida adulta y difícilmente se llega a considerar la relación entre ambos sucesos (Beltrán, 2010).

El abuso sexual infantil —por sus características y al ser una condición que se da de forma reiterada en el tiempo, es decir, de manera crónica— constituye uno de los traumas psicológicos más intensos y de consecuencias devastadoras para la estructuración de la personalidad de quien lo sufrió, al ser considerado un problema muy complejo que requiere del conocimiento específico y de la sensibilización de quien lo trata (Pereda, 2010).

> El abuso sexual infantil [...] constituye uno de los traumas psicológicos más intensos y de consecuencias devastadoras para la estructuración de la personalidad de quien lo sufrió.

Psicopatología asociada al abuso sexual infantil

Aunque las consecuencias a largo plazo en las víctimas de ASI varían de unos casos a otros, se observa una estrecha relación entre este fenómeno y la aparición de alteraciones emocionales en la juventud y en la vida adulta. En el caso particular de la victimización crónica del abuso sexual, los síntomas más característicos y frecuentemente encontrados en las víctimas son los referidos a la "conducta sexualizada", además de lo relacionado con las alteraciones en la esfera sexual, ya sean disfunciones sexuales o menor capacidad de disfrute (Echeburúa y Corral, 2006).

Las alteraciones psicológicas en los menores, resultado de algunas formas abuso y tipos de maltrato, se han explicado a través del modelo de trastorno de estrés postraumático (TEPT), sobre todo cuando los abusos son muy graves (maltrato físico/emocional extremo, abuso sexual), intensos y cotidianos (por ser el abusador o abusadora una persona muy cercana como madre, padre u otros familiares), ya que pueden afectar de forma más severa, comprometiendo el desarrollo de la personalidad del menor, debido a que se configura en un ambiente del que no es posible escapar, lo cual se establece como el mundo de referencia, sin otro tipo de significados.

Sin embargo, investigaciones recientes consideran que la categoría diagnóstica de TEPT no es suficiente para describir las reacciones nucleares experimentadas por víctimas de ASI o violación sistemática, es decir, no alcanza para definir las consecuencias de los traumas ocurridos de forma reiterada, crónica e intensa, o perpetrados por personas con las cuales la víctima mantenía un vínculo afectivo (Herman, 2015).

Por el abuso repetido y acumulativo, y debido a que la víctima es psicológica y físicamente inmadura, su desarrollo queda comprometido de forma seria; este caso es denominado en el ámbito de la psicología como "trauma complejo" o trastorno de estrés postraumático complejo (TEPTC), el cual también ha sido abordado en el capítulos 4. Se presenta cuando las condiciones vitales desbordan las posibilidades de entender, afrontar y asimilar cognitiva y emocionalmente la experiencia, alterando la percepción de sí mismo, de la afectividad, de seguridad y del mundo, debido a la acumulación de traumatización crónica (Courtois *et al.*, 2005).

La traumatización afecta en la totalidad de la persona, por lo que todas las áreas de funcionamiento estarán en mayor o menor medida dañadas por la devastación del trauma, la cual se puede presentar en muy diversas situaciones vitales, tanto en edades infantiles como en edad adulta.

El trauma complejo siempre conlleva multitraumatización derivada de la exposición crónica, aunque no todas las personas que han sufrido múltiples traumas desarrollan un trauma complejo. La traumatización afecta en la totalidad de la persona, por lo que todas las áreas de funcionamiento estarán en mayor o menor medida dañadas por la devastación del trauma, la cual se puede presentar en muy diversas situaciones vitales, tanto en edades infantiles como en edad adulta, resultado de la acumulación de microagresiones que, al ser continuas, generan dicha traumatización (Leuzinger-Bohleber, 2015; Shapiro, 2010).

En el caso particular de víctimas de ASI, cuando las amenazas aumentan en intensidad y frecuencia, se incrementa la probabilidad de que la víctima incorpore el sistema de creencias del agresor de modo defensivo, y si las experiencias son extremas y reiteradas, la víctima puede desconectarse de sus sentimientos y mostrar "entumecimiento psíquico", síntomas disociativos, miedo y desconfianza, lo cual puede configurar síntomas y patología de tipo psicótico. Es más esperado que experimente síntomas de TEPTC si la victimización se ha dado en una etapa temprana, si ha sido prolongada en el tiempo y si ha sido de naturaleza interpersonal.

Por otra parte, las relaciones entre la sintomatología del TEPT y TEPTC son variadas, y puede existir alta comorbilidad entre ambos (Echeburúa y Guerricaechevarría, 2011). Asimismo, puede desarrollarse el TEPTC sin sintomatología de TEPT (Soler, 2008).

Las alteraciones centrales del TEPTC que se pueden observar en víctimas de ASI son las siguientes (Prieto Larrocha, 2016) (véase el cuadro 1).

Es frecuente que, ante la falta de diagnóstico de la victimización traumática del ASI, las manifestaciones sintomáticas que se observan en los niños sean relegadas a una serie de comorbilidades sin relación entre sí o donde no se consideran las causas periféricas. Asimismo, se corre el riesgo de no ser preciso en el diagnóstico y, por tanto, de recibir tratamientos inadecuados o ineficientes al no analizar apropiadamente la complejidad y multiplicidad de los síntomas que estos niños presentan. Por ello, la historia de la evaluación de los casos de niños víctimas de abuso sexual obliga a replantear dicha evaluación en función de las manifestaciones que presentan y el impacto acumulativo de éstas. En los adolescentes y adultos puede llegar a confundirse incluso con trastorno límite de la personalidad (Cook *et al.*, 2005; Van der Kolk *et al.*, 2005).

AFECTOS E IMPULSOS	AUTOPERCEPCIÓN	SOMATIZACIONES
• Regulación • Afecto • Modulación • Ira • Autodestructividad • Preocupación suicida • Dificultad, modulación, sexualidad • Conductas de riesgo	• Ineficacia • Culpa y responsabilidad • Vergüenza • Incomprensión • Minimización personal	• Sistema digestivo • Dolor crónico • Síntomas cardiopulmonares • Síntomas conversión • Sistema reproductor
ATENCIÓN Y CONCIENCIA	RELACIONES INTERPERSONALES	SISTEMA DE SIGNIFICADOS
• Amnesia • Episodios disociativos transitorios • Despersonalización	• Inhabilidades para relaciones interpersonales • Revictimización • Victimización a otros	• Desesperanza • Infelicidad • Pérdida del sistema previo de creencias

Cuadro 1. Síntomas del trastorno de estrés postraumático complejo

La respuesta ante la exposición a un estresor de elevada magnitud se dará en función de la interacción entre variables individuales y contextuales de la víctima y de la propia situación en la que se presente el abuso sexual, incluyendo procesos cognitivos, emocionales y comportamentales previos al suceso, durante el mismo y posterior a éste.

La presencia de síntomas disociativos es central en el diagnóstico del TEPTC, pues se presenta como el principal mecanismo de defensa que surge frente a la experiencia traumática. Sin embargo, este mecanismo puede tornarse desadaptativo y formalizarse propiamente como un trastorno (Herman, 2015). La respuesta ante la exposición a un estresor de elevada magnitud se dará en función de la interacción entre variables individuales y contextuales de la víctima y de la propia situación en la que se presente el abuso sexual, incluyendo procesos cognitivos, emocionales y comportamentales previos al suceso, durante el mismo y posterior a éste (Soria, 2002).

Si la pérdida o amenaza a la vida o del estado psicobiológico de bienestar, es decir, el daño a éste o de manera directa a la supervivencia, se da con una intensidad suficiente, puede que el sistema psicobiológico de la persona se active sostenidamente y se constituya el cuadro clínico del trauma complejo. En muchos casos, aunque en realidad la persona ya no esté enfrentándose a esos estresores (pues no está o no vive con el agresor), la activación continúa (ya sea en forma de híper o hipoactivación) y se cronifican las respuestas de defensa y supervivencia generadas por la situación traumática original. En la mayoría de las ocasiones la persona no es consciente de los disparadores, desde la presencia del estresor hasta el desajuste de su activación psicobiológica (Martínez, 2016).

Algunas de estas características suponen mecanismos adaptativos que estructuran el significado del mundo y de las relaciones en un proceso de aprendizaje patológico y disfuncional, el cual es legitimado por el resto de personas consentidoras del abuso sexual. De esta manera, los síntomas disociativos proporcionan una respuesta protectora natural ante la abrumadora experiencia traumática y también surgen como una respuesta automática al estrés; dichos síntomas son reacciones disociativas primarias, como el olvido, la fragmentación y el embotamiento emocional, los cuales preceden o acompañan a la despersonalización, desrealización y amnesia, así como la amnesia disociativa (Kisiel y Lyons, 2001).

El concepto de trauma derivado de la victimización crónica nos ayuda a entender los procesos de traumatización y la forma en que afecta áreas vitales del desarrollo del menor lo cual permite relacionarlo y expresarlo en términos que se ajusten al objetivo del tratamiento clínico (Gil y María, 2016).

No todas las víctimas requieren de intervención clínica, pues el tratamiento psicológico puede implicar, al menos en algunos casos, una segunda victimización. El tratamiento sólo es propicio para los niños afectados por síntomas psicopatológicos intensos, tales como ansiedad, depresión, pesadillas o alteraciones sexuales, o por un grado de inadaptabilidad significativo en la vida diaria.

> No todas las víctimas requieren de intervención clínica, pues el tratamiento psicológico puede implicar, al menos en algunos casos, una segunda victimización.

En los demás casos, los factores de protección más favorables para la recuperación pueden ser el apoyo familiar, las relaciones sociales y la reanudación de la vida cotidiana, con ello es suficiente. El terapeuta puede limitarse a servir como orientador, como apoyo a la familia y para evaluar periódicamente el desarrollo psicológico del menor (Horno, Santos y Molino, 2001). En el caso de que la terapia para la víctima sea inevitable, es indispensable clarificar el momento adecuado para comenzar con ella y requiere establecer guías de tratamiento adaptadas a la edad y a las necesidades específicas de cada víctima (Echeburúa y Guerricaechevarría, 2002; Echeburúa, Guerricaechevarría y Amor, 2002).

> Los factores de protección más favorables para la recuperación pueden ser el apoyo familiar, las relaciones sociales y la reanudación de la vida cotidiana.

Intervención con la familia

La intervención psicológica con los familiares es imprescindible, independientemente de la edad del menor o de las medidas urgentes psicosociales o judiciales que deban de adoptarse para proteger a la víctima. Ellos han sido impactados por la vivencia traumática del menor, por ello, tendrán que afrontar una situación dolorosa, así como todas las circunstancias que se deriven de la revelación de los abusos; también son quienes deberán de garantizar la protección y la seguridad del menor.

La respuesta de los familiares ante la revelación del abuso puede llegar a ser más intensa que la del propio menor, sobre todo en el caso de que la madre tenga que afrontar el hecho de que su pareja ha abusado de su hija. Todo ello puede generar una sintomatología ansioso-depresiva (culpa, vergüenza, miedo, cólera) que repercuta negativamente en la víctima e impida que sea protegida de una forma eficaz en el futuro, por lo que, en caso de ser necesario, se requiere trabajar particularmente con ella el malestar psicológico que presenta.

> La respuesta de los familiares ante la revelación del abuso puede llegar a ser más intensa que la del propio menor, sobre todo en el caso de que la madre tenga que afrontar el hecho de que su pareja ha abusado de su hija. Todo ello puede generar una sintomatología ansioso-depresiva (culpa, vergüenza, miedo, cólera).

Hay ocasiones en que la edad del menor o sus características y recursos psicológicos dificultan e incluso impiden la intervención psicológica. Es entonces cuando sus familiares y cuidadores desempeñan un papel fundamental en su recuperación. En estos casos, la intervención terapéutica debe de orientarse a garantizar la capacidad de los familiares para supervisar la evolución del menor, dotarlo de seguridad y enseñarle estrategias de afrontamiento adecuadas, así como a superar los efectos psicológicos que ellos mismos padezcan.

Pautas urgentes para el afrontamiento del abuso

El grado de confusión ante la develación del abuso sexual, suscitado a veces por los propios profesionales faltos de conocimiento del problema, puede afectar negativamente el estado psicológico de los familiares del menor.

Inicialmente se requiere garantizar la seguridad de la víctima, a efectos de que no se produzca una revictimización. Por lo tanto, la intervención con los cuidadores del menor debe de dirigirse en un primer momento a la adopción de estrategias urgentes de afrontamiento, en especial cuando se ha decidido denunciar el delito con los servicios sociales o con el sistema policial o legal (denuncias, declaraciones, juicios, etc.). Estos primeros momentos son de fundamental importancia.

La reacción negativa de la familia ante la revelación del abuso por parte del menor, como no dar crédito a su testimonio o culparlo de lo ocurrido, puede impedir su recuperación, al carecer del apoyo emocional necesario, e incluso agravar su sintomatología. Por ello, se trata de enseñar a los padres a adoptar una actitud adecuada ante la revelación del abuso, así como de establecer estrategias de solución de problemas y de toma de decisiones en relación con las medidas urgentes posibles (protección inmediata del menor, denuncia del agresor, salida del agresor o del menor del hogar, etc.) (Gil y María, 2016).

La separación del menor de su familia debe de ser considerada únicamente en casos excepcionales, cuando se detecten elementos claros de desprotección en el dicho entorno, no se acepte el relato de los hechos y haya un riesgo evidente de revictimización. Sin embargo, la separación no es recomendable. El menor puede sentirse desterrado, se potencia su sentimiento de culpa y de estigmatización y, lo que es peor, se puede reforzar la autopercepción de ser parte del problema y no la víctima del mismo (Echeburúa y Guerricaechevarría, 2002).

Asesoramiento psicoeducativo

Una vez que se ha garantizado la seguridad y la protección del menor, el psicoterapeuta debe de ayudar a los familiares a comprender lo sucedido, sobre todo cuando se trata de un abuso crónico intrafamiliar que ha tenido lugar sin su conocimiento o sospecha. Debe de explicar la dinámica del proceso abusivo, la ambivalencia de la víctima respecto del abusador (el pacto de silencio establecido) y las motivaciones del agresor. Con ello, se busca evitar sentimientos de culpa por no haber cumplido con su función protectora y facilitar la toma de decisiones adecuadas.

Asimismo, se debe de informar a los familiares acerca de las posibles consecuencias psicológicas que podría presentar el menor, por ejemplo síntomas clínicos o conductas anómalas, para que ellos puedan detectarlas de forma temprana, amortiguar su impacto con apoyo emocional adecuado y buscar ayuda profesional en los casos precisos. Conviene también indicarles la necesidad de una escucha activa y respetuosa ante las confidencias presentadas (dar crédito a lo sucedido), así como señalarles el tipo de conductas apropiadas que deben de tener hacia el menor para facilitar su recuperación emocional. El objetivo fundamental en esta fase es la normalización de la vida del menor y el restablecimiento de las pautas habituales de conducta en la vida cotidiana, que es uno de los mejores predictores de mejoría (Echeburúa y Guerricaechevarría, 2002).

Intervención psicoterapéutica

El psicoterapeuta debe de realizar una evaluación exhaustiva del estado psicológico de los miembros de la familia y de las estrategias de afrontamiento utilizadas ante la develación del abuso.

Los ejes del tratamiento son los siguientes:

a) Negación del abuso

La negación del abuso por parte de los familiares está asociada al sentimiento de culpa por haber fallado en la protección del menor y a la probable separación del abusador (no siempre deseada; quizá puede llegar a existir dependencia económica con el perpetrador), así como a la vergüenza social experimentada y a las posibles consecuencias penales que se deriven. Por lo tanto, es necesario explicar a los familiares que la negación como estrategia es inadecuada para el afrontamiento y que sustituirla por otras que favorezcan la aceptación del abuso es el paso previo para adaptarse a la nueva realidad.

La negación del abuso por parte de los familiares está asociada al sentimiento de culpa por haber fallado en la protección del menor y a la probable separación del abusador (no siempre deseada; quizá puede llegar a existir dependencia económica con el perpetrador), así como a la vergüenza social experimentada y a las posibles consecuencias penales que se deriven.

b) Sentimientos de culpa, fracaso, incapacidad y estigmatización

Como padres, la sensación de fracaso en cuanto función de protección del menor y su temor ante el futuro generan un profundo malestar emocional y una percepción de padres defectuosos e incapaces, por lo que se requiere reevaluar las ideas disfuncionales relacionadas con la culpa y la vergüenza, hacer frente a las atribuciones internas, reatribuir la responsabilidad de la ocurrencia de los abusos exclusivamente al abusador y reajustar su capacidad protectora en relación con sus hijos.

c) Rabia, resentimiento y deseos de venganza

Con frecuencia en estos casos surgen el rencor, la ira y los deseos de venganza. Son emociones negativas que atormentan a los afectados por la situación traumática, se genera una lucha interna por controlarlas y no dejarse llevar por ellas, ya que las consideran propias de malas personas. Sin embargo, es importante abordarlas a través de una serie de pasos.

En primer lugar, el familiar afectado debe de aceptar que constituyen emociones lógicas tras un impacto semejante y que son habituales en muchas personas bajo las mismas circunstancias; en segundo lugar, el familiar no debe de resistirse a la hostilidad y la rabia, que son reacciones esperables, sino aprender a canalizarlas adecuadamente, y en tercer lugar, se debe de llevar a cabo un entrenamiento específico en control de impulsos y una reestructuración cognitiva de las ideas disfuncionales que permitan retomar de forma habitual la vida cotidiana.

d) Ansiedad, depresión y baja autoestima

La sintomatología ansioso-depresiva es la más habitual en estos casos y tiene como consecuencia un cambio en la autoestima y en el estado de ánimo que conlleva una percepción más negativa de las propias capacidades y cualidades como cuidador. Es necesario utilizar técnicas de relajación, psico-educación y reestructuración cognitiva, así como estrategias orientadas a reforzar la autoestima en la vida cotidiana, a comprender que su reacción es normal como respuesta a una situación estresante y a recuperar un ritmo de vida adaptativo y gratificante.

e) Deterioro de las relaciones familiares y de pareja

Los sentimientos encontrados pueden alterar las relaciones familiares, y la víctima podría sentirse culpable por haber mantenido oculto el abuso, pero al mismo tiempo llega a responsabilizar a las figuras cercanas por no haberse percatado de la situación abusiva y no haber sido protegida. De la misma manera, los cuidadores de la víctima pueden presentar fuertes sentimientos de culpa y fracaso en sus funciones parentales por no haber sabido proteger al menor y también por responsabilizarlo por su silencio. Otros malestares añadidos pueden ser los posicionamientos y alianzas de los diferentes miembros de la familia con la víctima o con el agresor. Por tanto, resulta fundamental abordar clínicamente la dificultad de la familia para expresar las emociones asociadas a los abusos y a su revelación, así como las diversas percepciones en relación con las reacciones de cada uno. Todo ello puede llevarse a cabo en el tratamiento individual y también a través de una terapia de pareja (en el caso de que ésta se haya visto afectada tras los abusos) o de una terapia familiar con los miembros implicados (Mas y Carrasco, 2005).

Intervención psicológica con las víctimas

El trabajo con el impacto psíquico derivado de la victimización del abuso sexual infantil implica que el psicólogo clínico cuente con un amplio manejo de la psicopatología y de los síntomas asociados a este tipo de vivencia traumática, así como con técnicas y herramientas necesarias para el trabajo clínico de trauma, pues de lo contrario podría revictimizar, exacerbar la sintomatología y resultar iatrogénico para la recuperación psicológica del menor.

Para la evaluación de los menores expuestos a condiciones de riesgo graves y crónicas y que presentan reacciones postraumáticas complejas (Cook *et al.*, 2005), deben de observarse seis grupos de síntomas para el diagnóstico del TEPTC (véase el cuadro 1), los cuales sintetizan las alteraciones centrales. Las áreas afectadas y los problemas principales asociados al trauma son: alteraciones en las relaciones afectivas y apego, en las reacciones biológicas (físicas y psicosomáticas), en la regulación del afecto y la autorregulación; en la conciencia, con síntomas disociativos; en el control de la conducta, en la cognición y en el autoconcepto.

> Las áreas afectadas y los problemas principales asociados al trauma son: alteraciones en las relaciones afectivas y apego, en las reacciones biológicas (físicas y psicosomáticas), en la regulación del afecto y la autorregulación; en la conciencia, con síntomas disociativos; en el control de la conducta, en la cognición y en el autoconcepto.

En las víctimas menores, el tratamiento clínico sólo está indicado cuando hay una presencia acentuada de síntomas que interfieren negativamente en su vida cotidiana, cuando se encuentra en una situación de crisis (salida del hogar, proceso judicial, etc.) y cuando sus capacidades cognitivas lo permiten.

Como primer paso, es imprescindible crear una buena relación terapéutica con el menor para propiciar un clima de confianza en el que la consulta se perciba como un espacio acogedor, de ayuda y de superación, y al igual que en el caso de los familiares, en la intervención psicológica con los menores pueden diferenciarse dos fases fundamentales: una psicoeducativa y preventiva, y otra propiamente clínica o psicoterapéutica.

Pautas urgentes de afrontamiento

Es necesario ayudar al menor a hacer frente al estrés derivado de la revelación, y dotarlo de las estrategias adecuadas para evitar posibles situaciones de agresión y, en todo caso, de las habilidades necesarias para informar de su ocurrencia (véase el cuadro 2).

• Garantizar el término de los abusos sexuales y la separación física entre la víctima y el agresor.	• Darle pistas claras e inequívocas de cuándo el acercamiento de un adulto tiene una intencionalidad erótica.
• Asegurar, por parte de los cuidadores del niño (la madre fundamentalmente), la determinación de protegerlo en adelante.	• Adiestrar al menor en técnicas de evitación de situaciones que suponen un claro riesgo de abusos sexuales, según las experiencias pasadas.
• Capacitar a la víctima para informar de manera inmediata de ulteriores episodios de abuso.	• Enseñar al niño modos eficaces de asertividad para rechazar peticiones no deseadas en el ámbito erótico.
• Enseñar a la víctima a identificar y comprender su propia sexualidad y la del adulto de una forma sencilla y objetiva.	

Cuadro 2. Pautas urgentes de actuación ante el abuso
por parte de los familiares del menor
(Echeburúa, Guerricaechevarría y Amor, 2011)

Fase psicoeducativa y preventiva

En esta fase es importante trabajar con el menor para ponerle nombre a lo sucedido, conocer el significado de la sexualidad de una forma eficaz, objetiva y adaptada a su nivel de edad; y recalcar que el ASI se trata de una experiencia impuesta, ya sea por la fuerza o, en la mayoría de las ocasiones, por el abuso de poder y el engaño. Debe de explicársele de forma tranquila y sin dramatismos el proceso abusivo y las causas del mismo, así como los factores que han hecho posible que lo mantenga en silencio durante un tiempo prolongado, y reforzar la importancia de haberlo revelado; de igual modo se debe de eliminar cualquier sentimiento de culpa o responsabilidad por las consecuencias derivadas de esa revelación. Asimismo, es indispensable que la víctima atribuya la responsabilidad de lo ocurrido al agresor y que sepa,

> Es fundamental enseñar al menor a distinguir una muestra de cariño de una conducta sexual, así como a identificar determinadas situaciones potencialmente peligrosas (estar a solas con un adulto en la habitación o en el baño, o estar expuesto a imágenes o conductas sexuales).

si es el caso, que éste es una persona con conflictos personales y emocionales, que necesita de una ayuda que, gracias a sus manifestaciones, va a poder recibir [Galiana y De Marianas, 2000].

Respecto a la prevención de posibles nuevos sucesos, es fundamental enseñar al menor a distinguir una muestra de cariño de una conducta sexual, así como a identificar determinadas situaciones potencialmente peligrosas (estar a solas con un adulto en la habitación o en el baño, o estar expuesto a imágenes o conductas sexuales) y a poner en práctica las estrategias adecuadas para evitarlas (decir no, pedir ayuda inmediatamente o contarlo).

Fase psicoterapéutica

Los menores con historia de trauma crónico intrafamiliar en muchos casos presentan grandes dificultades para iniciar un tratamiento centrado en el trauma. Sin embargo, la terapia cognitivo conductual focalizada en trauma (TCC-FT) es la que cuenta con mayor soporte empírico para el tratamiento de niños, niñas y adolescentes expuestos a eventos traumáticos crónicos, como lo es el abuso sexual (Cohen *et al.*, 2012).

Para lograr mejores resultados, Ford *et al.* (2005) descubrieron que los menores víctimas de diferentes tipos de maltrato crónico responden mejor al tratamiento si éste se divide en tres fases secuenciales. La fase inicial es de estabilización, en ella se busca el fortalecimiento de la confianza y la seguridad en la relación, y se trabajan las habilidades de afrontamiento. El establecimiento y el mantenimiento de la relación terapéutica son siempre centrales en el tratamiento de la TCC-FT, pero es especialmente importante para los niños y adolescentes con trauma complejo. Debido a que por lo general las agresiones son efectuadas por una persona en la que confiaron y que se supone debió de protegerlos, pueden llegar a desarrollar desconfianza generalizada, por lo que la mayoría de las relaciones son percibidas como potencialmente amenazantes. Por tanto, es necesario que durante las primeras sesiones de la TCC-FT el psicoterapeuta trabaje en el establecimiento de una relación terapéutica segura y predecible. Este trabajo es la base para empezar a abordar la exposición en vivo.

La segunda fase corresponde al procesamiento del trauma, que se refiere a la narración de éste y el reprocesamiento cognitivo, el cual representa los esfuerzos por favorecer la desensibilización de los eventos traumáticos y las ideas distorsionadas sobre sí mismo.

Por último está la fase de consolidación, en la cual se definen las ganancias del tratamiento mediante la demostración del dominio del menor sobre los recuerdos del trauma en el mundo real, tanto en el momento presente como para el futuro. Esta fase final también incluye temas relacionados con la despedida y el cierre del tratamiento (Ford y Cloitre, 2009; Ford *et al.*, 2005).

De esta manera han sido divididos los componentes de la TCC-FT en estas tres fases recomendadas para los niños, niñas y adolescentes con traumas crónicos: fase de estabilización, fase de procesamiento del trauma y fase de consolidación (véase el cuadro 3).

FASE DE ESTABILIZACIÓN	FASE DE PROCESAMIENTO DEL TRAUMA	FASE DE CONSOLIDACIÓN Y CIERRE
• Aumento de la seguridad • Entrenamiento parental • Relajación • Análisis afectivo y regulación emocional • Reestructuración cognitiva	• Narración y procesamiento del trauma • Exposición en vivo	• Sesiones conjuntas padre no abusador-hijo • Aumento de la seguridad y desarrollo de la trayectoruia futura • Componentes del duelo traumático

Cuadro 3. Componentes de la TCC-FT para trauma crónico
(Cohen *et al.*, 2012; Murray *et al.*, 2012)

A manera de conclusión, debe reiterarse que el acompañamiento del ámbito psicológico en el abuso sexual infantil debe de ser integrador, es decir, trabajar no sólo con el menor afectado sino también con los familiares, y abordar las cogniciones, las emociones y las conductas alteradas de todos los involucrados. A veces, el tratamiento puede llevarse a cabo de forma inmediata al suceso traumático, pero en otras circunstancias puede tardar bastante en que se rompa el pacto de silencio y se solicite ayuda mucho tiempo después del abuso por diversos motivos, tales como conciencia del alcance de lo ocurrido, problemas de conducta, intento de protección de hermanos menores, etc. Es frecuente, incluso, que la búsqueda de ayuda tenga lugar ya en la vida adulta, cuando la víctima se percata de las dificultades emocionales o sexuales existentes, por ejemplo, en el ámbito de la relación de pareja (Echeburúa y Guerricaechevarría, 2011).

Cada persona es diferente y su forma de responder a la victimización por el abuso sexual es única, por lo que las intervenciones con las víctimas y sus familiares no pueden plantearse como casos universales ni en cuanto a su contenido ni a su duración. No todos los casos requieren que se aborden todas las áreas ni hay que secuenciarlas de la misma manera. Una intervención de estas características ha de ser lo suficientemente flexible y adaptable a la idiosincrasia, al ritmo y a las necesidades de cada víctima, a las características y circunstancias de la situación, así como a aspectos específicos detectados, por ejemplo, convivencia actual del agresor con el menor, mayor o menor gravedad del abuso, protección más o menos eficaz por parte de la madre, etc. (Echeburúa y Guerricaechevarría, 2011).

Bibliografía

Aguilar Cárceles, M. M. (2009). Abuso sexual en la infancia. *Anales de Derecho*, 27, 210-240.

Beltrán, N. P. (2009). Consecuencias psicológicas iniciales del abuso sexual infantil. *Papeles del Psicólogo*, 30(2), 135-144.

Beltrán, N. P. (2010). Consecuencias psicológicas a largo plazo del abuso sexual infantil. *Papeles del Psicólogo*, 31(2), 191-201.

Bustos, P., P. Rincón y J. Aedo (2009). Validación preliminar de la escala infantil de síntomas del trastorno de estrés postraumático (child PTSD symptom Scale, CPSS) en niños/as y adolescentes víctimas de violencia sexual. *Psykhe*, 18(2), 113-126.

Cohen, J. A., A. P. Mannarino, M. Kliethermes y L. A. Murray (2012). Trauma-focused CBT for youth with complex trauma. *Child Abuse & Neglect*, 36(6), 528-541.

Cook, A., J. Spinazzola, J. Ford, C. Lanktree, M. Blaustein, M. Cloitre, R. DeRosa, R. Hubbard, R. Kagan, J. Liautaud, K. Mallah, E. Olafson y B. Van der Kolk (2005). Complex trauma in children and adolescents. *Psychiatric Annals*, 35, 5.

Echeburúa, E., y C. Guerricaechevarría (2011). Tratamiento psicológico de las víctimas de abuso sexual infantil intrafamiliar: un enfoque integrador. *Psicología Conductual*, *19*(2), 469.

Echeburúa, E., P. Corral y P. J. Amor (2006). Tratamiento psicológico en las fases tempranas del trastorno de estrés postraumático. En J. L. Vázquez-Barquero y A. Herrán (dirs.), *Las fases iniciales de las enfermedades mentales. Trastornos de ansiedad* Barcelona: Elsevier/Masson, 133-141.

Echeburúa, E., C. Guerricaechevarría y P. J. Amor (2002). Indicaciones terapéuticas para los menores víctimas de abuso sexual. En *Abusos sexuales en la infancia. Abordaje psicológico y jurídico*, 115-137.

Figuero, C. R., y M. O. Otero (2005). El abuso sexual infantil. *Boletín de la Sociedad de Pediatría de Asturias, Cantabria y León*, *45*, 3-16.

Finkelhor, D. (1990). Early and long-term effects of child sexual abuse: An update. *Professional Psychology: Research and Practice*, *21*(5), 325.

Ford, J. D., y M. Cloitre (2009). Best practices in psychotherapy for children and adolescents. En *Treating complex traumatic stress disorders: An evidence-based guide*, 59-81.

Ford, J. D., C. A. Courtois, K. Steele, O. V. D. Hart y E. R. Nijenhuis (2005). Treatment of complex posttraumatic self–dysregulation. *Journal of Traumatic Stress: Official Publication of the International Society for Traumatic Stress Studies*, *18*(5), 437-447.

Galiana, S., y H. De Marianas (2000). Intervención psicológica en el abuso sexual. En J. A. Díaz, J. Casado, E. García, M. A. Ruiz y J. Esteban (dirs.), *Atención al maltrato infantil desde Salud Mental*, 87-90.

Gil, E., y R. María (2016). El diagnóstico del trastorno por estrés postraumático en infancia y adolescencia y aportaciones para el trauma complejo (proyecto de investigación.)

Herman, J. L. (2015). *Trauma and recovery: The aftermath of violence-from domestic abuse to political terror*. Reino Unido: Hachette.

Horno, P., A. Santos y C. Molino (2001). Abuso sexual infantil: manual de formación para profesionales. Madrid: Save the Children España, 1-355.

Kisiel, C. L., y J. S. Lyons (2001). Dissociation as a mediator of psycho-pathology among sexually abused children and adolescents. *American Journal of Psychiatry*, 158, 1034-1039.

Labrador, F., P. Rincón, F. Estupiña, E. Alonso y S. Lignon (2007). Violencia doméstica e intervención psicológica. *Guía del Psicólogo, 266*, 5-7.

López Soler, C. (2008). Las reacciones postraumáticas en la infancia y adolescencia maltratada: el trauma complejo. *Revista de Psicopatología y Psicología Clínica, 13*(3), 159-174.

Martínez Moya L. B. (2016). *El abuso sexual infantil en México: limitaciones de la intervención estatal.* UNAM, Instituto de Investigaciones Jurídicas. Serie Publicaciones Electrónicas (14).

Mas, B., y M. A. Carrasco (2005). Abuso sexual y maltrato infantil. En *Manual de terapia de conducta en la infancia*, 231-265.

Negele, A., J. Kaufhold, L. Kallenbach y M. Leuzinger-Bohleber (2015). Childhood trauma and its relation to chronic depression in adulthood. *Depression research and treatment, 2015*(5), 1-11.

Pereda, N. (2010). Consecuencias psicológicas a largo plazo del abuso sexual infantil. *Papeles del Psicólogo, 31*(2), 191-201.

Prieto Larrocha, M. (2016). Eficacia de la terapia cognitivo conductual (TCC) y de la TCC-focalizada en el trauma en infancia maltratada (proyecto de investigación).

Redondo, C., y M. Ortiz (2005). *Abuso sexual.* Editorial Universidad de Cantabria. 307.

Sarasua, B., I. Zubizarreta, P. De Corral y E. Echeburúa (2013). Tratamiento psicológico de mujeres adultas víctimas de abuso sexual en la infancia: resultados a largo plazo. *Anales de Psicología/Annals of Psychology, 29*(1), 29-37.

Shapiro, R. (2010). *The trauma treatment handbook: Protocols across the spectrum.* WW Norton & Company.

Soria, M. A. (2002). La evaluación de la victimización criminal. En M. A. Soria (ed.), *Manual de psicología penal forense.* Barcelona: Atelier, 623-654.

Van der Kolk, B. A. (2003). The neurobiology of childhood trauma and abuse. *Child and Adolescent Clinics of North America*, *12*(2), 293-317.

Van der Kolk, B. A., S. Roth, D. Pelcovitz, S. Sunday y J. Spinazzola (2005). Disorders of extreme stress: The empirical foundation of a complex adaptation to trauma. *Journal of Traumatic Stress: Official Publication of the International Society for Traumatic Stress Studies*, *18*(5), 389-399.

CAPÍTULO 6

Ciberpedofilia

Lic. Liliana Mora Espinoza

No tuve que salir de mi cuarto para sentir el miedo más grande que alguien pudiera experimentar, no podía creer que entre cuatro paredes me sintiera observada, intimidada, humillada, extorsionada y sucia. Todo esto se sumaba al temor de que mis papás se dieran cuenta de lo que me estaba pasando; además, sentía el corazón roto porque era la primera vez que me enamoraba.

Sofía

El presente capítulo tiene como objetivo identificar los peligros a los que se exponen niñas, niños y adolescentes en esta era digital. Si bien es cierto que la tecnología y el acceso a internet son parte de la vida y que abren grandes ventanas de comunicación, aprendizaje, cultura, innovación y entretenimiento, también dejan en desventaja a las nuevas generaciones frente a los cada vez más elaborados planes con que los agresores sexuales los engañan a través de internet.

La historia de Sofi relata una de las formas en que están siendo violentados los derechos de las niñas, niños y adolescentes en internet a través del *grooming*, práctica mediante la cual los agresores sexuales contactan por internet a sus víctimas haciéndose pasar por un igual, con un perfil falso, y tras haber analizado a sus víctimas, generan empatía, enamoramiento, chantaje y logran su confianza para después obtener de ellas imágenes y videos con contenido sexual.

El miedo, la ansiedad, la vergüenza y todos los sentimientos que experimentan las víctimas cuando el agresor revela su identidad después de haber obtenido este tipo de imágenes, tomadas y entregadas voluntariamente al inicio por las niñas, niños y adolescentes, es indescriptible. Por ello, a través de esta historia entenderemos lo que motiva a las nuevas generaciones a confiar en extraños al extremo de compartirles su intimidad sin sospechar que al hacerlo están siendo víctimas de un delito de orden mundial, que sus imágenes y videos en muchos casos caerán en manos de pedófilos, y que pueden formar parte de las galerías de abuso sexual en línea. En casos más extremos pueden llegar a acceder a un encuentro personal con su agresor, situación que provocará desenlaces fatales que terminan con la vida de los niños, niñas y adolescentes y de sus familias, que en muchos casos ven salir a sus hijos pero no los ven volver a casa.

Me llamo Sofía y hoy les voy a compartir mi historia

No tuve que salir de mi cuarto para sentir el miedo más grande que alguien pudiera experimentar. No podía creer que entre cuatro paredes me sintiera observada, intimidada, humillada, extorsionada y sucia. Todo esto se sumaba al temor de que mis papás se dieran cuenta de lo que me estaba pasando; además, sentía el corazón roto porque era la primera vez que me enamoraba.

Mis papás me dieron el primer celular con internet a los 12 años. A los 13 abrí una cuenta en Instagram y otra en Facebook, me conecté a todas las aplicaciones que estaban disponibles para mi edad y a algunas otras que me sugerían mis amigas.

La curiosidad y las ganas de sentirme grande me hicieron ignorar los consejos que mis papás me dieron cuando me entregaron el teléfono: "Hija, te regalamos este teléfono, pero te recomendamos cuidarte de los extraños". Ellos se quedaron conformes porque creyeron que los había escuchado, pero la verdad es que no tenía idea de a qué se referían hasta que viví la peor pesadilla.

Un día después de clases

Estudié la primaria en un colegio privado. Tenía buenas amigas, a algunas las conocía desde preescolar y sentía que con ellas mi vida era segura y feliz, pero al pasar a secundaria mis amigas de siempre ya no estuvieron. Yo no era la más popular, pero sabía adaptarme y buscaba siempre el reconocimiento de los demás, trataba de juntarme con aquellas niñas a las que admiraba, aunque constantemente me hicieran sentir que eran mejores que yo, que su ropa era mejor que la mía, que su teléfono era mejor que el mío y que los niños las buscaban más que a mí porque eran más bonitas que yo.

Pronto mi teléfono se convirtió en mi mejor amigo. A través de los chats me sentía parte de un grupo y, algo curioso, por internet tenía la sensación de ser otra, escribía y me expresaba de maneras que en persona jamás podría, subía fotos a mis redes y trataba de copiar las fotos de mis compañeras más populares. Comencé con una foto con la blusa amarrada al centro del abdomen, hice el nudo lo más arriba que pude para que se notara

> Mi teléfono se convirtió en mi mejor amigo. A través de los chats me sentía parte de un grupo y, algo curioso, por internet tenía la sensación de ser otra, escribía y me expresaba de maneras que en persona jamás podría, subía fotos a mis redes y trataba de copiar las fotos de mis compañeras más populares.

mi imaginaria cintura, busqué mi mejor perfil, junté mis labios como si estuviera mandando un beso al aire y le puse corazones alrededor: la veía una y mil veces y pensaba en cuántos *likes* tendría. Nunca había enseñado el abdomen, pero por internet parecía que mientras más enseñara, más popular sería, y eso me emocionaba mucho; además, una aplicación me ayudó a que se me viera una cintura diminuta. Me hizo feliz ver esa versión de mí, que se parecía a las demás, que se acercaba un poco a las imágenes que subían las *youtubers* e *influencers* a las que seguía; todo empezaba a convertirse en una especie de competencia para ver quién era la más bonita, o quién tenía el mejor cuerpo y, más aún, quién podría tener más *likes*.

El resultado de esa foto fue muy halagador para mí. Junté 105 *likes* en un día. Me sentía la más bonita de la escuela, la mejor de todas, y seguí tomándome fotos y subiéndolas: 200 *likes*, después 300 y así hasta que en mi foto número 15, un día después de clases, recibí un mensaje que me hizo sentir feliz, mi corazón dio vueltas. Me emocioné porque un niño, amigo de una amiga, me contactó directamente. A mí, sí, a mí, a quien en persona ningún niño le hablaba. En el colegio sólo me juntaba con niñas y sabía de las historias y romances entre las más bonitas y los más guapos, entre las más populares y los más rebeldes. Todos tenían historias menos yo. Cada vez que sentía envidia por la vida de mis compañeras mi consuelo era mi teléfono y ver todos los *likes* que tenía por mis fotos. Pero cuando recibí ese mensaje de Claudio, me sentí hermosa, mejor que nadie en el mundo. El mensaje decía:

Desde que vi tu foto no puedo dormir. He pensado en conocerte, en tocar el cabello tan largo y bonito que tienes, quiero saber si eres una muñeca real. Tus fotos me encantan, me transportan, y cada que las observo siento que estoy viendo a un ángel. No puedo con tu mirada y con tu sonrisa, y con esa inocencia que escondes debajo de tu blusa. En serio, te he seguido desde hace tiempo, pero soy tímido y no sé cómo tomé valor hoy para escribirte. Espero que no me rechaces, no lo podría soportar. Me gustaría que fuéramos amigos. Si crees que eso se puede, mándame un corazón y entenderé. Si no quieres conocerme, mándame una *x* y nunca más te buscaré aunque se me rompa el corazón.

Vi su perfil hasta la 1 a.m. Mis papás no me quitaban el teléfono en las noches y tenía conexión a internet en todo momento, así que revisé una y mil veces su cara, sus fotos, que eran parecidas a las mías. Me había dado pena contestarle por la tarde, me sentía muy feliz, pero a la vez me daba miedo que al conocerme en persona se desilusionara de mí, por eso me esperé a la madrugada, y después de mucho pensar, le respondí: "Hola, Claudio. Qué bueno que te gustan mis fotos y que me sigues. Yo ya vi tu perfil y siento que te conozco de siempre, o que tú me conoces a mí. Qué bueno que me escribiste, y definitivamente sí quiero que seamos amigos y conocerte más, así que te mando estos 5 corazones porque eres muy guapo y te los mereces".

No tuve que esperar mucho. A las 4 a.m. el sonido del celular me despertó de mis sueños. Me levanté de un brinco y tomé mi teléfono. No podía creer lo que estaba leyendo. Claudio no podía dormir de tanto pensar en mí. Me dijo que le daba pena escribirme a esas horas y que no sabía si mis papás me regañarían. Le dije que no, que yo tenía el celular en mi cuarto y que en mi casa nadie sabía qué escribía ni con quién. Le conté que mis papás ya eran personas grandes, que no sabían de tecnología y que no tenían ni idea de las cosas de jóvenes. Se lo dije para que no se preocupara y para que no tuviera miedo de escribirme a la hora que quisiera, al fin yo estaba conectada las 24 horas.

Seguimos la conversación hasta las seis de la mañana, tiempo en que sonó mi despertador. Tenía que levantarme para ir a la secundaria. No quería, pero tuve que despedirme. Le dije: "Claudio, tengo que irme. Me espera la escuela y pronto bajaré a desayunar. Espero no haberte enfadado con mi plática y mis tonterías. Ojalá que otro día nos podamos conectar". Él sólo puso una carita con una lágrima en los ojos y se desconectó.

Toda la mañana floté. Mis pensamientos estaban en lo que había sentido la noche anterior. No podía sacarme de la cabeza sus fotos, sus palabras, y pensé que estábamos conectados, porque él sabía exactamente lo que me gustaba, la música que escuchaba, los libros que había leído, los lugares que frecuentaba, las películas que veía y hasta cuál era mi deporte preferido, era como si supiera todo de mí aun sin conocerme. Era increíble la conexión que teníamos, sentí que lo conocía de toda la vida.

Mi mamá pasó por mí después del colegio y por el retrovisor del auto me miró y me dijo que tenía ojeras, que si estaba bien. Le dije que sí, sólo que había estado pesada la última clase y que tenía un poco de sueño. Bajé la mirada. Veía mi teléfono cada cinco minutos, buscando una señal, un mensaje de Claudio, algo que me dejara saber que lo vería otra vez, que no se había olvidado de mí en todo el día, como yo no me olvidé de él. Pasó la tarde y pensaba en escribirle, pero tenía sueño y tarea, por lo que me quedé dormida y al despertar tuve que preparar mis cosas para mis clases del día siguiente. Cada minuto que pasaba me daba más ansiedad por no saber de él, así que a las nueve de la noche me tomé una foto en pijama y la subí, acompañando mi foto con este mensaje: "Anoche un ángel me robó el sueño. Hoy ya estoy en pijama a punto de dormir, esperando encontrarlo de nuevo esta noche".

Me quedé dormida con el celular en la mano y esa noche el ángel no apareció, ni la siguiente, ni en toda la semana. Me sentía triste porque pensaba que lo había desilusionado o que había encontrado a otra niña más divertida y más bonita que yo. Sin embargo, seguí subiendo más fotos para ver si comentaba en alguna de ellas y funcionó. Un sábado por la mañana, mientras regresaba de mi clase de inglés en el carro con mi papá, sonó el tono de notificación de mensaje de mi teléfono y el corazón de nuevo quería salírseme del cuerpo. Era Claudio diciendo que me superaba con cada foto, que con cada una de ellas se enamoraba más de mí y que con esa última había tenido unos pensamientos muy extraños. Llegué a casa, corrí a mi cuarto y cerré la puerta. Brinqué a mi cama para poder platicar con él. La foto que había comentado era sencilla, tenía una blusa sobrepuesta y atrás de mí había un espejo, por lo que estaba cubierta de frente pero mi espalda se veía como desnuda. El cabello me llegaba a la mitad de la espalda, así que era una parte muy pequeña la que se veía de mí. No sabía por qué le había gustado tanto esa foto, pero tenía que averiguarlo. Después de mucho tiempo de platicar con él y de preguntarle por qué no me había buscado antes, me dijo que estaba sintiendo muchas cosas por mí y que tenía miedo de enamorarse, ya que nunca había sentido algo parecido por ninguna niña, que yo era especial. Me dijo que se alejó porque mi belleza lo trastornaba y le generaba diversos sentimientos, unos blancos y otros oscuros, que lo único que sentía al verme eran ganas de correr a mi casa y abrazarme y besarme, que nos fuéramos juntos al fin del mundo si era necesario, porque había encontrado en mí al amor de su vida. Yo quedé muda. No entendía muy bien a qué se refería con los sentimientos blancos y oscuros, pero nada de eso importaba, lo que me importaba era que yo también me estaba enamorando de él, sentía que el amor a primera vista sí existía.

Cerca de las tres de la tarde mis papás me llamaron a comer y les dije que me dolía el estómago para no bajar, sólo les grité porque no quería perderme ni un instante de aquello que estaba sintiendo, pero a las siete de la noche, después de que escuchamos música juntos y vimos algunos videos en línea, me dijo que tenía que irse, que estaría en una reunión con sus amigos, que les había platicado mucho de mí y que quizás en un rato más me volvería a escribir para que le mandara más fotos y así pudiera presumirme con ellos. Me pidió mi número de teléfono y obvio se lo di. De hecho pensé que se había tardado en pedírmelo. En ese momento nada me habría hecho más feliz que escuchar su voz, porque sólo lo conocía por sus fotos.

Bajé a la cocina, mis papás tenían una reunión fuera de casa y me iba a quedar sola, así que preparé algo para cenar y me subí nuevamente cuando ellos se fueron. Cada minuto que pasaba me daba más ansiedad, prendí la tele y vi una serie que había empezado hace un tiempo, pero no me podía concentrar. A las 11 p.m. recibí un mensaje por chat, era de un número desconocido. Algo dentro de mí sabía que era Claudio. El mensaje tenía una carita feliz y una berenjena, me sorprendí porque no sabía qué significaba eso. Le pregunté: "¿Eres Claudio?". Después de unos minutos me respondió que sí; le pregunté el significado de la berenjena y me dijo que si no había vivido, que si no me habían dado clases de sexualidad en la escuela, y luego me puso más caritas felices. No entendí nada, pero me gustó. No le di importancia, ya que todo viniendo de él estaba bien para mí. Le pedí que me llamara, pero me dijo que no porque estaba en la reunión con sus amigos y no lo escucharía porque la música estaba muy fuerte, pero que él estaba aburrido y que quería invitarme a jugar un juego muy divertido. Le dije que sí. Primero me mandó una foto de su espalda desnuda, y me pidió que le enviara una igual. Yo accedí y se la mandé. Su reacción fue súper linda: me puso muchos emojis con corazones en los ojos, me dijo que era perfecta y que si tenía todo mi cuerpo así de bonito, podría morirse al verme. Me preguntó que cuánto me atrevería a enseñarle y me prometió que nadie vería esas fotos; me dijo que él podría comenzar y darme el ejemplo para que yo sintiera confianza de compartir mis fotos, y así lo hizo. Yo me sentía mareada, era una

Y comencé. Cada vez sentía más confianza; él todo el tiempo me decía que era lo más bello que había visto en su vida. Llegó un momento en que no pude parar: le mandé fotos en ropa interior y después me la quité aun sin que me lo pidiera.

sensación muy extraña. Tenía deseos de tocarlo y cada foto que me mandaba era más sexy que la anterior, hasta que me envió fotos en ropa interior. No podía creer lo perfecto de su cuerpo, y entonces me dijo que era mi turno. Me pidió copiar cada una de sus fotos y comencé. Cada vez sentía más confianza; él todo el tiempo me decía que era lo más bello que había visto en su vida. Llegó un momento en que no pude parar: le mandé fotos en ropa interior y después me la quité aun sin que me lo pidiera. Creo que nunca había visto mi cuerpo desnudo, nunca había admirado mi figura. Pensé que él sacaba lo mejor de mí y que me daba seguridad, mientras que mis fotos eran cada vez más atrevidas. En la última foto, a la una de la mañana, Claudio me mandó una berenjena de nuevo y unos ojos abiertos, y me dijo que lo había acabado, que tenía que irse, pero antes me preguntó si nos podríamos conocer. Yo le dije que sí; me pidió mi dirección y se la di. Al final me dijo que nunca nos olvidaríamos y que estábamos unidos para siempre, que ahora teníamos un secreto juntos, que no lo platicara con nadie, que no enseñara sus fotos, que mientras llegaba el momento de vernos en persona, él se llenaría los ojos con mis fotos y que yo hiciera lo mismo. Se despidió de mí con una carita de diablito rojo y me dijo que no lo olvidaría nunca… y efectivamente así fue.

Desperté el domingo por la mañana al escuchar que mis papás me llamaban a desayunar. Estaba aturdida, desnuda y confundida. Me había quedado dormida nuevamente con el teléfono en la mano, esperando soñarlo. Vi mi celular una y otra vez y sentí algo de vergüenza por las fotos que mandé, las borré, pero no me atreví a borrar las de él; me gustaba tanto verlo que preferí dejarlas. Bajé a desayunar y traté de disimular mi alegría. Sólo pensaba en el momento en que volviéramos a encontrarnos; esperaba una llamada para poder conocer su voz y poder verlo pronto, lo más pronto posible.

Pasó una semana y no tuve noticias de Claudio. Le llamé en varias ocasiones al número que me había dado, pero me decía que no existía; le escribí caritas felices por el chat pero no parecía que le llegaran y comencé a preocuparme. Pensé que le había pasado algo malo; sabía que había estado en una reunión e imaginé que algo le había podido suceder en la madrugada, lamentablemente yo no le había pedido su dirección. Me percaté de que yo no le pregunté nada de su vida, sobre si tenía hermanos, a qué colegio iba, de dónde era esa chica que era nuestra amiga en común. También me di cuenta de que sólo la tenía agregada a mis amistades y en su perfil sólo tenía una foto; era todo muy extraño, pero hasta ese momento sólo podía desear que estuviera bien.

Transcurrieron 15 días desde que compartimos esas fotos. Yo pasaba noches sin dormir esperando que me contactara, mandándole mensajes por redes, por chat, escribiéndole a nuestra amiga en común y nada, hasta que nuevamente una noche, a las dos de la mañana, sonó mi teléfono; me dio una felicidad enorme saber que era él. Me puso un "hola" que me regresó a la vida, después una cámara fotográfica, después un zorro, después un ataúd. Yo le preguntaba qué sucedía, pero él seguía mandándome emojis, hasta que me envió una fotografía y un link. La foto era una captura de pantalla de una página en la que había imágenes de muchas niñas de mi edad desnudas. Yo no quería darle clic al link porque temía que lo que estaba sospechando fuera cierto, pero lo hice y encontré el infierno. Había fotos y videos de niñas y también de niños desnudos, algunos con sus rostros tapados y con una carita de emoji que decía: "Si quieres ver la cara de esta muñeca, deposita $ en esta cuenta". No lo podía creer. Sentí asco. Fui al baño y vomité. Lloré, me pegué a mí misma, no podía creer lo que estaba viendo, era una pesadilla. Borré el link, las fotos y le pregunté: "Claudio, ¿qué pasa, alguien te quitó tu teléfono, alguien está usando mal nuestras fotos, nuestro secreto?". Pero para mí y para mi familia comenzó un infierno. Claudio me respondió:

Hola, Sofi. Te mentí en algunas cosas. Sólo algo que te dije fue verdad, y es que me encantas, eres una niña hermosa con un cuerpo bonito, pero no pude evitar enseñarle al mundo tu belleza. Ahora eres parte de mi colección de muñecas, una más de las muñecas que me dan placer y también a mis amigos. No te quejes porque ahora eres famosa. Esas fotos que subías a tus redes, todo ese coqueteo y tu confianza ciega te tienen hoy aquí, y lamento decirte que no hay regreso. Tus fotos no volverán a ser tuyas nunca más y te tengo aún otra noticia: no me llamo Claudio, no tengo 15 años, no vivo en tu país, y desde otro lado del mundo, con sólo oprimir una tecla, puedo hacer que tus papás, que tanto confían en ti, vean estas imágenes. Sé el nombre de tu papá, de tu mamá; sé en qué colegio vas, incluso sé dónde vives, así que pon mucha atención en lo que harás de aquí en adelante. Me mandarás más fotos tuyas, me mandarás videos, filmarás a tus amigas en los baños, a tus primas y también a niños. Necesito más muñecas y muñecos para mi colección. Si no accedes y si le dices a alguien, les haré mucho daño a tus seres queridos y tú desaparecerás de tu casa, un día sólo no llegarás y te buscarán y nunca te encontrarán porque estarás conmigo del otro lado del mundo.

Leía cada letra con los ojos llenos de lágrimas, con un dolor terrible en el estómago. Me dolía la cabeza y de pronto me desvanecí, me desmayé. Gracias a ese desmayo mis papás pudieron salvarme la vida. Caí tan fuerte que hice mucho ruido, me pegué en la cabeza y rompí un espejo; era de madrugada y pudieron escuchar. Desperté en los brazos de mi mamá, sólo vi a mi papá a lo lejos con mi teléfono en la mano, descubrió lo que me estaba pasando, se acercó a mí temblando y me dijo: "Hija, no sé qué significa todo esto, no sé qué pasa, estoy confundido, ayúdame a entender". Tenía lágrimas en los ojos, creo que nunca lo había visto llorar. Yo sentía que estaba soñando, sentía las caricias de mi mamá en el cabello y no sabía qué decir, no sabía cómo reaccionar, sólo podía temblar, llorar y querer dormirme para siempre. Me quedé dormida en los brazos de mi mamá.

A la mañana siguiente me llevaron con el doctor que me había atendido desde que era una bebé. Me recetó un desinflamatorio, ya que tenía un golpe muy fuerte en la cabeza y algunas heridas por el vidrio que me había lastimado los hombros. Mi papá llamó a la policía y le dijeron lo que tenía que hacer. Le explicaron que ésta es una de las formas más comunes en que los pedófilos actúan en internet; le dijeron que yo era una de las millones de víctimas alrededor del mundo y que buscarían, a través de la denuncia, bajar mis imágenes de la red y dar con los responsables. Después supimos que no es tarea fácil porque esas fotos estaban en alguna parte del mundo, en algún servidor oculto, y que quizá no podrían hacer nada más que identificar de dónde era el teléfono del que me contactaban. Al final nos dijeron que era una línea que operaba desde otro país y eso nos dio un poco de tranquilidad, porque la amenaza de que irían por mí y por mis papás era sólo eso, una amenaza. De todas maneras, mi vida nunca volvió a ser igual, nos mudamos de casa, me cambiaron de escuela, no volví a tener teléfono ni internet, sólo iba de la escuela a mi casa y dejaron de llevarme a mi clase de inglés; en su lugar iba a terapia todos los sábados junto con mis papás para tratar de superar este infierno que había generado para mí, pero también para mi familia.

Ahora que puedo contar mi experiencia veo que gracias a mis papás estoy viva, que la tecnología es muy buena para muchas cosas, pero que también es un arma poderosa que los papás, en la mayoría de los casos, ponen en manos de sus hijos. Yo no quiero culparlos, al contrario, valoro su confianza y que me hayan dado el celular; más bien siento coraje conmigo, con mis actitudes, con mi baja autoestima, porque todo esto me sucedió por querer ser, por querer parecer, por querer pertenecer.

> La tecnología es muy buena para muchas cosas, pero [...] también es un arma poderosa que los papás, en la mayoría de los casos, ponen en manos de sus hijos.

Deseo que nadie pase por lo que yo viví, espero que los papás entiendan los peligros a los que se exponen sus hijos en internet y la importancia de que las niñas y los niños tengan cada vez más confianza en sí mismos, que vivan su niñez y que no permitan que una foto o los likes los definan.

Hay muchas niñas que de verdad desaparecen de casa. Yo pienso que en muchos casos detrás existe un Claudio que logró llevar su plan hasta el final. A mí me salvó un desmayo, así como el amor y la comprensión de mis padres, pero no sé si todas las niñas puedan correr con la misma suerte que yo, ojalá que sí, y que esta pesadilla deje de repetirse, que ya no se destruyan vidas y familias.

Hoy tengo 18 años, aún continúo en terapia, sigo teniendo pesadillas y desconfío hasta de mi sombra, espero que esto pase algún día.

* * *

Cierro este capítulo deseando que más niñas, niños, adolescentes y adultos seamos conscientes de esta realidad, que a través de la educación y de la prevención logremos frenar estos delitos que duelen tanto como sociedad. Es inútil pensar que podemos desconectar a las nuevas generaciones para que no corran peligro; al contrario, es nuestro deber enseñarles a relacionarse en línea, a no buscar la aprobación de los demás mediante un like, a no sentir que valen más o que valen menos si el mundo no los reconoce. Necesitamos romper con la brecha generacional que hace que en muchos casos no sepamos cómo protegerlos, que nos quedemos tibios con un "Cuídate" o "No hables con extraños", cuando en redes todos pueden serlo.

Es nuestra responsabilidad conocer los peligros que se ocultan en internet, pues así podremos brindarles a las niñas, niños y adolescentes las herramientas para que sepan tomar decisiones cuando en algún momento se encuentren en una situación que los haga sentir incómodos, que atente contra su pudor o contra su integridad, y que entonces puedan pedir ayuda.

Estamos en una era tecnológica, aprendamos a vivirla y a convivir con ella de la mejor manera, y enseñemos a nuestras niñas, niños y adolescentes a hacerlo, es su época y está bien, sólo hay que darles herramientas para que no pasen por situaciones como la que vivió Sofi.

Recuerdos de infancia

MARCE CASMAN

Guasave, Sinaloa

Aunque mi mente se ha esforzado en protegerme, aún recuerdo con claridad cómo me sentabas en tus piernas cuando estábamos a solas y cómo poco a poco lograbas meter tu mano en mis pantalones y mi pantaleta.

Recuerdo la textura áspera de tus dedos, dolía.

Era sólo una niña. ¿Por qué lo hiciste?

¿Te sentías mejor al darme dinero después de tocarme?

¡Claro! Un premio para tu nieta favorita, para que "se compre unas Sabritas y una Coca".

De los 2 a los 12.

¿Mi inocencia era el precio que debía de pagar para comprar comida chatarra?

En este punto de mi vida puedo decir abiertamente que me jodiste la infancia, la adolescencia y parte de mi vida adulta. El silencio no me protegió, sólo me vulneró más.

Tardé mucho en tener conciencia sobre lo que ocurría... Y cada vez era más incómodo estar cerca de ti... Cada vez tenía más miedo de estar a solas contigo.

Grité tantas veces con mis acciones...

¿Por qué nadie escuchó?

Gracias a ti siento que mi cuerpo está sucio, gracias a ti siento que no soy suficiente, gracias a ti me considero un objeto roto,

gracias a ti mi cuerpo siempre está alerta, cada contacto tensa mi cuerpo, dormir ni siquiera me ayuda a encontrar paz.

¿Qué tal si al abrir los ojos de nuevo estás sobre mí?

Se suponía que debías cuidarme.

¿Por qué me lastimaste?

Si me amabas, ¿por qué abusaste de mí durante 10 años?

Si me amabas, ¿por qué me dañaste tanto?

La verdad es que nunca me amaste.

Pero sí que me lastimaste.

Gracias a ti puedo ver que eras un pederasta más que se esconde en el ambiente familiar.

CAPÍTULO 7

Aspectos médicos del abuso sexual en la infancia y en la adolescencia

Dra. Josefina Lira Plascencia
Coordinadora de la Unidad de Investigación
en Medicina de la Adolescente

Dr. Francisco Ibargüengoitia Ochoa
Departamento de Obstetricia
del Instituto Nacional de Perinatología "Isidro Espinosa de los Reyes"

*Tú puedes olvidar tu infancia, pero tu
infancia no te olvida.*

El abuso de menores ha sido parte de la historia de todas las culturas por milenios. El abuso sexual en la infancia y en la adolescencia es una de las formas más desafiantes de maltrato que puede encontrar tanto un pediatra como un ginecólogo dentro de su práctica clínica.

Definición

El abuso sexual ocurre cuando un niño o un joven es comprometido en actividades sexuales que son inapropiadas para su desarrollo y para las cuales el individuo no está preparado de forma emocional ni física (Chiesa y Goldson, 2017). Involucra la gratificación sexual de otra persona con escasa relación sobre los tabúes culturales y con los niveles de desarrollo del menor. Además, puede combinar una variedad de formas de abuso, incluyendo lo físico y lo psicológico, las cuales pueden tener un profundo y perturbador efecto sobre el desarrollo del afectado.

El abuso sexual puede clasificarse en dos tipos: abuso con y sin contacto. El abuso sin contacto involucra la exposición a actos sexuales que el afectado no puede comprender. A su vez, el abuso con contacto puede dividirse en aquellos que no conllevan penetración, es decir, que hay tocamiento o masturbación, y la otra forma que sí involucra penetración en vagina, boca o ano. Sin embargo, esta clase de abuso sexual agudo o violación no se abordará en el presente capítulo.

El diagnóstico inicial del abuso es siempre un diagnóstico de sospecha; la certeza o el grado de probabilidad se obtienen después de un proceso de valoración de los indicadores mediante un estudio médico, social y psicológico (Bays y Chadwuick, 1993).

Con frecuencia, la atención médica o psicológica se da por situaciones aparentemente no relacionadas con el evento de abuso, entre las cuales se incluyen alteraciones de la conducta del menor (véase el cuadro 1), presencia de vulvo-vaginitis, una infección de transmisión sexual, lesiones genito-anales, embarazo o la sospecha de un familiar.

El médico deberá de contar con un conocimiento basal sobre lo que se considera un desarrollo sexual normal para evaluar de forma apropiada un comportamiento anormal que pueda estar asociado con abuso sexual.

La sexualidad se define como la forma en que los individuos se relacionan con su género e incluye conocimiento sexual, actitudes y comportamiento, lo cual está influenciado por la familia, cultura, experiencia y educación.

Tipo	Síntoma
Físico	Problemas de sueño Pérdida de control de esfínteres
De conducta	Cambio de hábitos de alimentación Consumo de drogas o alcohol Bajo rendimiento escolar Conducta suicida
Emocionales	Miedo generalizado Culpa y vergüenza Depresión Ansiedad Baja autoestima
Sexuales	Conocimiento sexual precoz Masturbación compulsiva Agresión sexual hacia menores Rechazo a contacto físico
Sociales	Conductas antisociales Aislamiento Retraimiento escolar

Cuadro 1. Manifestaciones de abuso. Echeburúa, "Emotional consequences in victims of sexual abuse in childhood", 2006

Se considera que el desarrollo sexual tiene dos componentes distintos: desarrollo físico y psicosexual. El desarrollo físico es el resultado de cambios bioquímicos acordes al crecimiento del niño y su maduración; el desarrollo psicosexual involucra cambios emocionales y actitudes asociados con el desarrollo de la maduración sexual física.

El comportamiento sexual aparece durante la infancia y progresa hasta la pubertad/adolescencia, sigue una trayectoria típica basada en el desarrollo. La actividad sexual normal durante la infancia involucra "consentir" actividades apropiadas para su desarrollo que son mutuamente motivadas por curiosidad y placer al mirar. Un conocimiento del comportamiento sexual normal es importante para el médico que trabaja con niños y adolescentes con el fin de diferenciar el rol sexual típico de un comportamiento que pueda ser considerado problemático o que haya podido emerger después de un abuso sexual (véase el cuadro 2).

Edad	Comportamiento normal
Infancia	Gratificación oral, erección de pene por distensión de vejiga, auto-estimulación genital en ambos géneros hasta los 18 meses.
2 – 3 años	Identificación de género, disfrutan de su cuerpo desnudo.
3 – 6 años	Entienden la diferencia de género, la masturbación es común, pueden tocar genitales y senos de sus padres, se identifican con el padre del mismo sexo.
6 – 7 años	Aún se interesan por la sexualidad, permanecen curiosos respecto al sexo, aprenden de sus compañeros.
Pubertad/adolescencia	Muestran más interés por compañeros.

Cuadro 2. Comportamientos asociados con desarrollo sexual normal

Un comportamiento único no se asocia de forma absoluta con el abuso sexual, pero puede haber un fuerte indicador que lo sugiera (veáse el cuadro 3).

= Coloca su boca sobre partes sexuales
= Masturbación con objetos
= Inserta objetos en vagina/ano
= Imita relación sexual
= Hace sonidos sexuales
= Participa en besos con la lengua
= Desnuda a otra persona
= Imita conducta sexual con muñecas
= Solicita ver televisión explícita

Cuadro 3. Comportamiento sexual anormal

En general, niños y jóvenes que han sido abusados exhiben con mayor frecuencia comportamientos sexuales no apropiados para su edad.

En la dinámica del abuso sexual intervienen diversos factores que se deben de considerar con el fin de tener una idea más clara de los elementos implicados:

1) La coerción. El agresor utiliza su situación de poder o fuerza para interactuar sexualmente con el afectado, incluye amenazas, engaño, seducción y fuerza física.
2) La diferencia de edad. Este factor impide que exista libertad de decisión o consentimiento, hay diferentes experiencias, grado de maduración biológica y expectativas.
3) Tipo de conducta sexual. Es necesario distinguir las prácticas normales o juegos sexuales que se dan entre niños con edad similar de las conductas abusivas en donde la diferencia de edad o desarrollo y la coerción marcan la diferencia.

En el abuso sexual infantil existe una relación desigual ya sea por edad, madurez o poder entre el agresor y la víctima. En este sentido se entiende que el afectado no puede involucrarse en actividades sexuales dado que por su etapa evolutiva no las comprende ni está capacitado para dar su consentimiento.

Clasificación

El abuso sexual infantil es causado por personas que conviven estrechamente con el niño en 90% de los casos; pueden tener vínculos familiares o ser conocidos del menor.

Abuso sexual familiar o incesto

Es la forma más común, pues ocurre en 65% de los casos. El agresor más frecuente es el padre, y también pueden ser el padrastro, hermano, primo, tío

Abuso sexual familiar o incesto

Es la forma más común, pues ocurre en 65% de los casos. El agresor más frecuente es el padre, y también pueden ser el padrastro, hermano, primo, tío o abuelo.

o abuelo. De una revisión de expedientes del Hospital Infantil de México, de 42 menores con sospecha de abuso sexual, 64% de los casos eran de niñas y predominaban como agresores en primer lugar un primo, con 21%, seguido por el padrastro y un tío político con 16% cada uno (González *et al.*, 2019).

Abuso sexual extrafamiliar

Es causado por conocidos de la víctima en 25% de los casos. El agresor puede ser un vecino, conocido de la familia, maestro, sacerdote, etcétera.

Abuso sexual con contacto físico

Incluye conductas en las que el agresor toca zonas de claro significado sexual; puede ser del agresor a la víctima o viceversa. Puede tratarse de caricias o tocamientos de pechos, genitales, contacto digito-genital, genito-genital y genito-oral. El tipo de agresión más frecuente es el tocamiento, pues ocurre en 90% de los casos; únicamente de 4 a 10% de las experiencias entre adulto y niño implica coito. La importancia de este hecho permite explicar por qué no existen lesiones en área genital o anal cuando se explora a un niño con historia de abuso sexual.

Abuso sexual sin contacto físico

Las formas habituales son exhibicionismo, petición para realizar actividades sexuales o intimidación, las cuales involucran al menor como espectador (García, Loredo y Gómez, 2009).

Diagnóstico

Es un reto para el médico y se basa en una evaluación interdisciplinaria, sistematizada, metódica y ética de acuerdo con el tiempo transcurrido y el tipo de agresión, es decir, si consiste en agresión sexual aguda o violación, o abuso sexual crónico. Lo más frecuente es que se trate de tocamientos o que haya transcurrido tiempo después de una penetración. A menudo la agresión se ha repetido; es el tipo de abuso más común en niños. Asimismo es probable que hayan pasado semanas, meses o años antes del diagnóstico; durante ese periodo las agresiones suelen ocurrir con frecuencia variable.

Los hallazgos sugieren que es más común que los niños hagan sus revelaciones dentro del periodo de desarrollo durante el cual experimentaron el abuso, independientemente de la edad en que ocurrió. Por ejemplo, la mitad de los niños abusados menores de 4 años y los niños entre 5 y 8 años lo revelan durante el periodo en el cual sufrieron la agresión; de igual modo, dos terceras partes en los grupos de 9 a 12 y de 13 a 14 años, así como todos los adolescentes abusados entre los 15 y 17 años (McElvaney *et al.,* 2020).

Entrevista

Si se cuenta con un profesional con experiencia en el tema, se requiere solicitar su valoración. Debe de analizarse de manera detallada la versión de la víctima y de un familiar. La entrevista es semiéstructurada, es importante explicar la finalidad de la misma antes de comenzar y se efectuará en un lugar privado y tranquilo por separado, iniciando por el familiar. Los síntomas se clasifican en manifestaciones físicas, de conducta, emocionales, sexuales y sociales; todas deben de relacionarse con la etapa de desarrollo. Finalmente, se realizará un análisis del testimonio.

Exploración física

La exploración en los casos de abuso sexual crónico no es una urgencia. Para ello, se necesita obtener consentimiento informado. Deben de estar presentes un familiar y la enfermera. Asimismo, se debe de informar en qué consiste la exploración genito-anal. La información que se brinde tendrá en cuenta la edad y desarrollo del menor para utilizar un lenguaje comprensible. Hay que explorar de manera ordenada por zonas: extragenital (boca, cuello, tórax, abdomen, extremidades), paragenital (muslos, glúteos) y región genito-anal. La ausencia de lesiones no descarta el abuso sexual. La mayoría de los niños con abuso sexual no tendrá signos de daño genital o anal en especial cuando la exploración no es minuciosa. En un estudio reciente se reportó que sólo 2.2% de niños abusados sexualmente que no se examinaron de forma minuciosa tuvieron diagnóstico de hallazgos físicos, mientras que en aquellos que se examinaron con mayor cuidado la prevalencia de lesiones fue de 21.4% (Adams, Farst y Kellog, 2018).

De igual forma, debe de considerarse que algunos problemas orales y dentales en niños pueden estar relacionados con agresiones sexuales, pues cerca de 65% de las lesiones resultantes de abuso son en cabeza, cuello y boca. Así, un dentista podrá identificar a niños víctimas de abuso sexual con múltiples visitas para emplear el mismo tratamiento.

Algunos signos importantes y precursores de abuso son las laceraciones y hematomas en mucosa, trauma dental (fractura, avulsión), pérdida de dientes, múltiples lesiones apicales o fracturas dentales y fracturas óseas en el complejo maxilo-facial. Es posible asociar los hematomas y laceraciones oro-faríngeas con abuso sexual, inserción forzada de implementos y signos de infección de transmisión sexual (Murali y Prabhakar, 2018).

Exámenes

El riesgo de una infección de transmisión sexual es bajo. No se requieren exámenes de forma sistemática. Cuando en algún momento de su carrera el pediatra se vea involucrado en un presunto caso de abuso sexual, deberá realizar una evaluación del esqueleto a todo niño menor de 2 años de edad, en donde se incluirán radiografías de cráneo, tórax, abdomen, columna vertebral y extremidades (Halstead *et al.*, 2017).

Evaluación psicológica y psiquiátrica

Se deben de tomar en cuenta edad y disposición.

En los capítulos 3 y 5 también se podrá ahondar en las características de la evaluación psicológica y sus repercusiones al elegir un tipo de tratamiento para la víctima de abuso.

Integración del diagnóstico

Se establece con la información de las evaluaciones médica y psicológica del paciente y su familia. El abuso sexual crónico excepcionalmente se diagnostica sólo con base en el examen físico o en datos de laboratorio.

Valor de los indicadores

La valoración de los indicadores es una tarea compleja que debe de ser desarrollada por varios profesionales. Ninguno de los indicadores por sí mismo y fuera de contexto puede descartar o confirmar la certeza del abuso (véase el cuadro 4).

Indicador	Concepto	Ejemplo
Compatible (probable abuso)	Trastorno, enfermedad o lesión que, aunque puede deberse a otra causa, en determinadas circunstancias podría ser secundario a alguna forma de abuso.	Trastorno del comportamiento. Hemorragia vaginal.
Específico (alta probabilidad)	Trastorno, enfermedad o lesión cuyo mecanismo de producción más frecuente son las prácticas abusivas, aunque pudieran ser producidas por otra causa.	Conducta sexualizada. Relatos no confirmados.
Concluyentes (certeza de abuso)	Trastorno, enfermedad o lesión que sólo puede haber sido producido por mecanismo de abuso sexual.	Verbalización con informe psicológico de veracidad. Rotura de himen en prepúber, o de esfínter anal.

Cuadro 4. Categoría de indicadores (una vez completado el estudio)

Pronóstico

Aproximadamente 80% de las víctimas sufre de trastornos psicológicos. Los niños más pequeños (preescolares) tienen recursos psicológicos limitados y pueden mostrar negación de lo ocurrido. En los niños en etapa escolar son más frecuentes los sentimientos de culpa y vergüenza ante el suceso. En la adolescencia, el abuso muestra un conflicto especial, porque el agresor puede intentar el coito y también existe riesgo de un embarazo.

Consecuencias a largo plazo

Son menos frecuentes y afectan aproximadamente a 30% de las víctimas. Los factores que ocasionan mayores efectos negativos a largo plazo son la presencia de sucesos traumáticos diversos en la víctima, como la frecuencia y la duración de los abusos, la posible existencia de una violación, la vinculación familiar con el agresor, así como las consecuencias negativas derivadas de la revelación del abuso (Echeburúa, 2006).

Por otra parte, algunos autores consideran que 25% de los niños abusados sexualmente se convertirán en agresores sexuales cuando lleguen a ser adultos (Finkelhor, 2005).

Factores relacionados con mal pronóstico

= Falta de apoyo.
= Falta de credibilidad.
= Abuso sexual provocado por personas con vínculos significativos.
= Víctimas de violación o agresión sexual con violencia: amenaza de daño o muerte.
= Edad de la víctima; a mayor edad, la experiencia se considerará más traumática.
= Interacción sexual más elaborada: coito.
= Cronicidad, agresiones por tiempo prolongado.

Factores mediadores del abuso sexual infantil

No todas las personas reaccionan de la misma manera. El impacto emocional está modulado por cuatro variables:

1) El perfil individual de la víctima: estabilidad psicológica, edad, sexo.
2) Características del abuso: frecuencia, severidad, violencia, cronicidad.
3) Relación existente con el abusador.
4) Consecuencias asociadas al descubrimiento del abuso: apoyo familiar, desintegración familiar.

En general, la gravedad de las secuelas está en función de la frecuencia y duración de la experiencia, así como el empleo de la fuerza, amenazas o violación. Cuanto más crónico e intenso es el abuso, mayor es el desarrollo de vulnerabilidad y aparición de síntomas. En relación con la víctima y el agresor, lo que importa es el nivel de intimidad emocional, pues a mayor grado de intimidad, mayor será el impacto psicológico. En lo que se refiere a la edad del agresor, los abusos cometidos por adolescentes resultan en general menos traumáticos que los efectuados por adultos.

Efectos del abuso sexual

Los efectos pueden ser inmediatos y a largo plazo. En la infancia se han identificado efectos que incluyen impactos cognoscitivos y en la salud mental, depresión y ansiedad, así como estrés postraumático e ideas suicidas. Los efectos en la adultez incluyen enfermedad mental e impacto negativo sobre los roles del individuo, por ejemplo, en el empleo, la educación y la paternidad.

Se define al estrés postraumático como un trastorno de ansiedad que involucra exposición a un evento traumático con cuatro síntomas mayores agrupados (Ashby y Kaul, 2016):

1) Pensamientos intrusivos e imágenes relacionadas con el trauma.
2) Evitar pensamientos relacionados con el trauma y evitar recuerdos externos del trauma.
3) Cambios negativos en el estado de ánimo como resultado del trauma.
4) Reactividad aumentada y excitación fisiológica.

Este tipo de estrés también ha sido abordado en los capítulos 4 y 5, en los cuales, además de describir su sintomatología, se contextualiza su aparición en la víctima, así como las vías que permiten restablecer su salud emocional.

Prevención

Los programas de salud pública reconocen que la prevención debe de ocurrir en tres niveles: primario (antes de que ocurra), secundario (cuando los riesgos son evidentes) y terciario (después de que ha ocurrido, mejorar su impacto y prevenir futuros daños). Para estrategias preventivas que de forma efectiva apoyen a los individuos, las organizaciones y comunidades requieren de evaluaciones más rigurosas que sean llevadas a cabo y reportadas.

De igual modo, los familiares deberán de tener presentes los siguientes puntos acerca de cómo responder a la persona afectada por abuso (Jenny y Crawford-Jakubiak, 2013):

1) Los padres deberán de entender que los profesionales de la salud serán requeridos para reportar cualquier sospecha de abuso a la autoridad.

2) Es importante para la familia cooperar en la investigación.

3) Se ha demostrado que los resultados a largo plazo son mejores para la persona afectada si se le cree y se le apoya después de la revelación; los padres deberán responder con calma y de manera protectora.

4) Los padres no deberán de tratar la cuestión o acusar al menor de mentir; si el afectado quiere hablar, los padres deberán de escuchar y apoyar, pero no forzarlo a describir el abuso con detalle.

5) El médico deberá de proveer una guía para reconocer la importancia de una evaluación mental posterior al trauma.

Guía para pediatras y ginecólogos

1) El pediatra y el ginecólogo deberán de entender lo imperioso que es reportar a la autoridad los casos de abuso y deberán de saber cómo elaborar un reporte.

2) Se deberá de reconocer que el abuso sexual ocurre comúnmente y se deberá de responder de forma adecuada en la práctica.

3) Se debe de estar consciente de lo que es normal en el desarrollo sexual de niños y adolescentes y de las posibles variaciones del comportamiento sexual.

4) Conocer lo normal y lo anormal de la anatomía genital de los niños y adolescentes.

5) Solicitar una segunda opinión.

6) Conocer cuándo y a dónde referir casos recientes de abuso que requieran pruebas forenses.

7) No utilizar preguntas dirigidas sino abiertas durante las entrevistas e indagaciones.

8) Deberá de entenderse la forma de apoyar al afectado y a su familia.

9) Deberán de comprenderse los efectos sobre la salud mental de la víctima y referirla con un especialista para el manejo del trauma.

10) Asesorar al afectado y a su familia para protegerlo de nuevos abusos.

En resumen, el abuso sexual en la infancia y en la adolescencia ocurre comúnmente y puede tener efectos a largo plazo sobre la salud física y mental de las víctimas.

Bibliografía

Adams, J. A., K. J. Farst y N. D. Kellog (2018). Interpretation of medical findings in suspected child abuse: an update for 2018. *Pediatric Adolescent Gynecology, 31,* 225-231.

Ashby, B. D., y P. Kaul (2016). Post-traumatic stress disorder after sexual abuse in adolescent girls. *Pediatric Adolescent Gynecology, 29,* 531-536.

Bays, J., y D. Chadwuick (1993). Medical diagnosis of the sexually abused child. *Child Abuse & Neglect, 17,* 91-110.

Chiesa, A., y E. Goldson (2017). Child sexual abuse. *Pediatrics in Review, 38,* 105-118.

Echeburúa, E. (2006). Emotional consequences in victims of sexual abuse in childhood. *Cuadernos de Medicina Forense, 12,* 75-82.

Finkelhor, D. (2005). Fuentes de trauma. En D. Finkelhor, *Abuso sexual al menor* (pp. 155-166). México: Pax.

García-Piña, C. A., A. A. Loredo y J. M. Gómez (2009). Guía para la atención del abuso sexual infantil. *Acta Pediátrica de México, 30,* 94-103.

González, C., *et al.* (2019). Características sociodemográficas en pacientes pediátricos con sospecha de abuso sexual. *CONAMED, 24,* 179-183.

Halstead, S., *et al.* (2018). Review of the new RCR guidelines (2017): The radiological investigation of suspected physval abuse in children. Archives of disease in childhood. Education and Practice Edition. Recuperado desde doi: 10.1136/archdischild-2017-314591.

Jenny, C., J. E. Crawford-Jakubiak y Committee on Child Abuse and Neglect (2013). The evaluation of children in the primary care setting when sexual abuse is suspected. *Pediatrics,* 558-567. Recuperado desde doi:10.1542/peds.2013-1741.

McElvaney, R., *et al.* (2020). Child sexual abuse disclosures: does age make a difference? *Child Abuse & Neglect, 99,* 104-121.

Murali, P., y M. Prabhakar (2018). Mantle of forensics in child sexual abuse. *Forensic Dental Sciences, 10,* 71-74.

CAPÍTULO 8

La ruta crítica del abuso sexual contra los niños y el rol del adulto protector

Lic. María Beatriz Müller

Autora, fundadora y presidenta de Salud Activa

El contexto en el que estamos inmersos en el mundo entero y la brutal pandemia de este virus aún desconocido para la ciencia nos muestra un escenario particular que complica todavía más un tema que, de por sí, es complejo sin tomar en cuenta las medidas que los gobiernos han elegido para contener los contagios y las muertes.

> En este contexto de aislamiento, las víctimas se encuentran a merced del abusador, en una situación de altísimo riesgo, si aún no se ha develado el secreto y si no se ha realizado la denuncia con las correspondientes medidas de protección para la víctima.

Sin duda, el abuso sexual de niños, niñas y adolescentes es por sí solo una pandemia de enormes proporciones, no sólo por lo que arrojan las estadísticas, que son pocas y relativas, sino justamente por lo que queda fuera de ellas: sabemos lo difícil que es develar y poner en palabras lo que quizás ha sido un secreto oculto durante años. Algunos pueden hacerlo cuando son pequeños/as y muchos/as sólo pueden revelarlo cuando son adultos/as; eso depende siempre de la existencia o no de un adulto/a protector/a. Es fundamental para el niño/a el rol de ese adulto/a protector/a. En la actualidad se complica mucho más la situación de los niños, niñas o adolescentes víctimas de abusos sexuales intrafamiliares; cabe recordar que en este núcleo se presenta la mayoría de los casos de abuso, pues aproximadamente 80% se debe al incesto, ya sea el padre, padrastro, hermano o la persona que por lo regular ejerce la función paterna, quien resulta ser el agresor, porque también es más habitual que el agresor sea hombre que mujer. En este contexto de aislamiento, las víctimas se encuentran a merced del abusador, en una situación de altísimo riesgo, si aún no se ha develado el secreto y si no se ha realizado la denuncia con las correspondientes medidas de protección para la víctima.

Dicho esto, supongamos un escenario en el cual la pandemia ya haya finalizado y las vías de intervención contra el abuso sexual en la infancia se retoman de forma habitual. A pesar de que sea posible este retorno a la normalidad, los casos no dejarán de ser complejos y revictimizantes para los niños, niñas y adolescentes y sus adultos/as protectores/as.

Generalmente, la revictimización es un factor constante que se presenta durante la ruta crítica iniciada con el develamiento del abuso. La mayoría de las personas cree que con la revelación y la denuncia finaliza el sufrimiento de la víctima, cuando lo que en realidad comienza es un camino plagado de complicaciones que, en vez de proteger, victimiza.

Pero vamos por partes. En primer lugar, es necesario que tengamos en claro a qué nos referimos cuando hacemos alusión a abuso sexual en la infancia. Es importante que nos quitemos la costumbre, muy arraigada por cierto, de nombrar al abuso como abuso sexual infantil, pues como dice la doctora Eva Giberti, el abuso sexual de infantil no tiene nada, infantil es un adjetivo calificativo interpretado de forma específica, es decir, no de manera ingenua o casual, cuya apreciación tiene por objeto invisibilizar el abuso de niños, niñas y adolescentes, "es algo infantil", "es una cosa de niños/as", como si no fuera la peor de las torturas que se puede llegar a sufrir durante la infancia. Entonces denominemos con propiedad: estamos frente a niños, niñas y adolescentes agredidos sexualmente por adultos como para consensuar y utilizar la sigla ASI; más bien hablemos de abuso sexual en la infancia.

Necesitamos acordar a qué llamaremos abuso sexual en la infancia, y para ello nos parece adecuada la definición que utilizamos en el protocolo de intervención de la provincia de Buenos Aires, recientemente puesto en marcha:

> El abuso sexual ocurre cuando un niño/a es utilizado para la estimulación sexual de su agresor/a (un adulto/a conocido/a o desconocido/a, un/a pariente u otro/a niño/a) o la gratificación de un observador/a. Abarca a toda interacción sexual en la que el consentimiento no existe o no puede ser dado, independientemente de si el niño/a entiende la naturaleza sexual de la actividad e incluso cuando no muestre signos de rechazo, haya o no contacto físico.[1]

Otros elementos importantes para definir el abuso sexual son tres aspectos que están presentes: la asimetría de poder, la asimetría de conocimiento y la asimetría en la gratificación. Asimismo, es fundamental determinar cuáles son los tipos de abuso sexual ante los que debemos estar atentos, pues los comportamientos abusivos pueden ocurrir con o sin contacto físico, lo cual se incluye en el concepto:

---

[1] Protocolo de intervención en abuso sexual en la infancia. Provincia de Buenos Aires. 2019.

- Comentarios y actitudes intrusivas sexualizadas (como efectuar comentarios lascivos e indagaciones inapropiadas acerca de la intimidad sexual de un niño/a).
- Manoseos, frotamientos, contactos (por arriba o debajo de la ropa).
- Exhibicionismo y voyerismo, masturbación a la vista del/ la niño/a.
- Exhibición de pornografía.
- Incitación a la realización de actos de índole sexual entre niños/as o la toma de fotografías o videos en poses sexuales para consumo propio o comercialización.
- Incitación a que se masturben, realización de besos sexuales (el/la agresor/a utiliza la boca o la lengua para lamer o chupar la boca o partes del cuerpo del niño/a).
- Coito interfemoral (entre los muslos), penetración sexual o su intento por vía vaginal, anal o bucal (con el pene, la mano u objetos).
- Reproducción de cualquiera de estas acciones por carta, teléfono, mensaje de texto y redes sociales (*grooming*).
- Explotación sexual comercial, la cual es una forma de abuso sexual sistemática a la que se suma la explotación económica por la existencia de intermediarios (desde un explotador/ proxeneta individual hasta organizaciones proxenetas de distintas características) que lucran con ello.

Tenemos que considerar que el contacto sexual entre un/a adolescente y un/a niño/a más pequeño/a también puede ser abusivo si hay una significativa disparidad en la edad, el desarrollo, el tamaño, si se presenta un aprovechamiento intencionado de esas diferencias, o si utiliza la fuerza, amenazas u otros medios de presión.

Será importante, con el fin de constatar o descartar el abuso, evaluar si la diferencia de edad, desarrollo o conocimiento colocó al/la agresor/a en una posición de dominio, poder, control o sometimiento sobre el niño/a víctima.[2]

No vamos a detenernos en los indicadores que podemos hallar en un niño/a abusado/a sexualmente por adultos o sobre la sintomatología u otros signos o señales que nos den indicios de victimización, sin embargo, en los capítulos 4, 5 y 7 se podrá revisar más información al respecto. El objetivo de este escrito es centrarnos en lo que llamaremos ruta crítica

> El contacto sexual entre un/a adolescente y un/a niño/a más pequeño/a también puede ser abusivo si hay una significativa disparidad en la edad, el desarrollo, el tamaño, si se presenta un aprovechamiento intencionado de esas diferencias, o si utiliza la fuerza, amenazas u otros medios de presión.

del abuso sexual y el rol del adulto protector; por ello, vamos a enfocarnos en el momento del develamiento y lo que se debe de hacer a partir de allí, que es el inicio de la ruta crítica tanto para la víctima como para el adulto protector, que en nuestra experiencia casi siempre es la madre.

La primera cuestión que debemos de tener en cuenta es que en Argentina el abuso sexual a un/a niño/a es un delito de acción pública, por lo tanto, cualquier persona que sepa de un caso tiene la obligación de denunciar, incluso a un fiscal de oficio.

En la provincia de Buenos Aires también existe un pro-

> El abuso sexual hacia niños/as es una de las peores formas de violencia y constituye una violación de los derechos humanos, dado que se vulnera el derecho a no ser expuesto a ningún tipo de violencia, y está penado por diversas normas a nivel internacional, nacional y provincial.

[2] María Beatriz Müller, *Abuso sexual en la infancia*. Ituzaingó: Editorial Maipué, 2015, pp. 17 y 55.

tocolo que ordena la intervención de acuerdo a las leyes tanto nacionales como provinciales y a las convenciones internacionales que el país ha firmado e incluso incorporado a la Constitución, las cuales se constituyen en el marco normativo frente al abuso sexual de un/a niño/a.

El abuso sexual hacia niños/as es una de las peores formas de violencia y constituye una violación de los derechos humanos, dado que se vulnera el derecho a no ser expuesto a ningún tipo de violencia, y está penado por diversas normas a nivel internacional, nacional y provincial.

Derechos y principios rectores

Conforme a la normativa vigente, y tomando en cuenta diversos pronunciamientos de organismos internacionales con competencia en la materia,[3] debe de adoptarse un paradigma basado en el respeto y la promoción de la dignidad humana e integridad física y psicológica del/la niño/a como titular de derechos, por el cual se garantizará su protección y bienestar como valor primordial a alcanzar a lo largo de todo el proceso.

Hemos dividido este proceso de intervención o ruta crítica en seis momentos:

1) Etapa de develación o revelación

Situación en la cual las personas responsables del cuidado del/la niño/a observan indicadores que dan cuenta de una posible victimización sexual.

---

[3] Véase, entre otros, Naciones Unidas (2005), Directrices sobre la justicia en asuntos concernientes a los niños víctimas y testigos de delito. Resolución 2005/20 del Consejo Económico y Social, anexo. Naciones Unidas (2011). Comité de los Derechos del Niño, Observación general No. 13 Derecho del niño a no ser objeto de ninguna forma de violencia.

2) Etapa de escucha apropiada

Esta etapa se divide en primera escucha y escucha especializada. La primera escucha debe de ser limitada y tener el objetivo de iniciar la intervención; la pueden presidir los servicios locales, la escuela, el médico o la enfermera del hospital, pero también puede ser, y por lo general es así, el adulto protector (habitualmente la madre). Debe de ser respetuosa de los tiempos del/la niño/a, se limitará a lo necesario para comprender que el/la menor es víctima de abuso sexual y será el factor que ponga en marcha el proceso de intervención.

Posteriormente se debe de realizar la entrevista especializada (según donde se haya producido el develamiento). Siempre tiene que ser dirigida por un profesional, y lo ideal sería que ésta sea la única que deba realizar la víctima. El protocolo que hemos planteado apunta a ese objetivo, pero la en la realidad suele resultar diferente.

3) Etapa de adopción de medidas urgentes

Esta etapa es muy importante, se trata de la protección del/la niño/a víctima. Consiste en la separación, el alejamiento de su victimario, y lo pongo en masculino porque en 95% de los casos los agresores son varones, y casi siempre se trata de alguien conocido del/la niño/a. La idea de un agresor escondido detrás de un arbusto, esperando para atacar a un niño o niña, es una falacia; la realidad es que el peligro para los/as niños/as siempre está en casa, en contextos de familiaridad. Este momento de apartamiento es fundamental "la separación de los cuerpos", pues la protección de la víctima es indispensable para que se pueda intervenir, y el/la niño/a tiene que sentirse seguro y protegido para poder enfrentar la intervención de la justicia.

4) Etapa de las obligaciones legales, notificación
y denuncia penal

Éste es el momento en que debemos hacer la denuncia penal,
porque como ya hemos mencionado, el abuso sexual hacia los/
as niños/as es un delito. La denuncia se puede hacer en Argentina, en las comisarías de la mujer y la familia (en los lugares donde
existen), en las comisarías comunes o también directamente en las
fiscalías, en las especializadas en violencias, en el caso de existir, o
en la de turno. Las denuncias siempre deben hacerse en la dependencia correspondiente, pero de acuerdo con el domicilio donde se perpetró el delito. Actualmente existe una aplicación que
permite realizar la denuncia de manera remota con el celular o la
computadora mediante la página «https://seguridad.gba.gob.ar/».

5) Etapa de la protección efectiva

En Argentina, como en muchos otros países, las víctimas carecen
de los mismos derechos que los victimarios y no se les designan
abogado defensor gratuito ni perito de parte gratuito. Aquí las víctimas deben pagar un abogado para poder ser querellante (o particular damnificado) en la causa, así como los peritos de parte. En
realidad, como estamos refiriéndonos a niños/as, son los adultos
protectores, generalmente las madres, quienes tienen que afrontar
esos gastos, a pesar de que casi siempre les resulta bastante difícil.

Es muy importante que tengamos en cuenta que, para que los/
as niños/as puedan salir adelante en una situación de abuso sexual,
el rol del adulto protector es fundamental, ya que ellos/as no pueden defenderse solos/as debido a su corta edad, sobre todos los/as
más pequeños/as, quienes a veces ni siquiera saben ponerle nombre a lo que les ha ocurrido. En esta etapa se deben de tomar algunas medidas con fines de protección.

Cuando la persona indicada como agresor/a es conviviente o responsable del/la niño/a, una vez efectuada la correspondiente denuncia penal el Servicio Local de Protección de los Derechos del Niño evaluará el grado de emergencia de la situación y adoptará las medidas de protección que considere necesarias, según las particularidades del caso, respetándose el siguiente orden de prioridad:

a. Exclusión del hogar del agresor. Habiendo un adulto protector, será prioritario solicitar y obtener la exclusión del agresor del hogar, requiriéndose (a fin de garantizar la seguridad del/la niño/a y su familia) la custodia del domicilio por parte del Ministerio de Seguridad.

Con el objetivo de requerir la exclusión del agresor, deberá de realizarse el planteamiento correspondiente ante el Juzgado de Garantías interviniente, o bien ante el Juzgado de Familia o de Paz (según corresponda). Si por cualquier motivo o por la complejidad del abordaje de la situación el Servicio precisare asistencia, podrá solicitar colaboración al Centro de Atención a las Víctimas y Acceso a la Justicia (CAVAJ) del Ministerio de Justicia de la Provincia de Buenos Aires, quien realizará dichos planteamientos y articulará la custodia del domicilio con el Ministerio de Seguridad.

b. Garantizar el cese de contacto entre la víctima y el victimario, paso fundamental para lograr una protección efectiva del/la niño/a. La sola presencia del sospechoso es nocivo para el/la niño/a, pues la dinámica del abuso sexual en la infancia presenta un modo comunicacional del agresor con su víctima que va más allá del lenguaje verbal o del contacto físico, implica todos los sentidos, una mirada es suficiente para desencadenar todo el recuerdo.

c. Si no hay un adulto protector en el núcleo primario, se debe de instrumentar una medida de resguardo en la familia ampliada, con el objetivo de preservar al/la niño/a y lograr "la separación de los cuerpos" entre víctima y victimario.

d. La última opción, cuando se han evaluado todas las posibilidades, es el resguardo institucional, que debe de ser lo más corto posible mientras los organismos intervinientes, sobre todo los de protección de derechos, trabajen para mejorar el entorno familiar, sea tanto nuclear (madre, hermanos, hermanas) como familia extensa o ampliada.

6) Etapa de eliminación o reducción del daño

En esta etapa se ubica la atención terapéutica de la víctima y de su entorno familiar, ya que el abuso sexual en la infancia involucra a todo el grupo familiar que no puede resolverse solo/a. Se necesita una terapia especializada en abuso sexual que permita la elaboración de la situación traumática a lo largo del desarrollo de la vida del/la niño/a, al menos hasta la adolescencia, que es el momento en que toman cabal conciencia de qué fue lo que les sucedió y de qué se trataba "eso" que su abusador denominaba como un "juego".

Cada vez vemos más abusos sexuales hacia los niños, niñas o adolescentes como una manera de atacar a la mujer en el contexto de una violencia de género, principalmente cuando esta mujer ha decidido salir del círculo violento, entonces surge la frase "te voy a dar donde más te duela, dañando a tus hijos/as". En algunos casos, los agresores han llegado hasta a matar a los/as hijos/as.

Mediante el tratamiento, también es necesario reestablecer los vínculos con los familiares no ofensores, quienes deben de ocupar el lugar de adultos protectores.

Debemos de comprender que muchas veces estas etapas se dan en un corto tiempo, y en otros casos llevan mucho más, porque cada caso es único y debe de abordarse así, por lo tanto, cada etapa se desarrollará de acuerdo con cada víctima.

En este proceso de intervención también es determinante

el rol del adulto protector, cuyo apoyo es indispensable para que el/la niño/a pueda iniciar el camino de la sanación. De acuerdo con nuestra experiencia, ese rol lo desarrolla casi siempre la madre, que más temprano o más tarde decide defender a su hijo o hija, y es en ese momento cuando se suma un escollo muy complejo para el desarrollo del proceso, sobre todo cuando la madre es una mujer con herramientas, una profesional o una sobreviviente empoderada de la violencia de género porque, dicho sea de paso, cada vez vemos más abusos sexuales hacia los niños, niñas o adolescentes como una manera de atacar a la mujer en el contexto de una violencia de género, principalmente cuando esta mujer ha decidido salir del círculo violento, entonces surge la frase "Te voy a dar donde más te duela, dañando a tus hijos/as". En algunos casos, los agresores han llegado hasta a matar a los/as hijos/as.

Este macabro plan tiene un fuerte anclaje en el sistema judicial que conserva una ideología patriarcal muy arraigada y que las mujeres y los/as niños/as tienen otro valor, menor al del varón, *pater familias*. Es por esto que antepone una serie de justificaciones que tratan de ocultar los abusos sexuales, sobre todo frente a aquellas madres que deciden creerle a su hijo/a y defenderlo/a con toda su fuerza, a las que hemos decidido llamar "madres de hierro":

Es realmente increíble el efecto que las madres de hierro producen en las instituciones judiciales, en los organismos públicos de protección, en aquellos que deben de garantizar los derechos de los niños y niñas víctimas.

> El mundo que habían construido se vino abajo en un instante, el horror del incesto las alcanzó, lo siniestro domina la escena... y además quieren y deben de proteger a sus hijos o hijas, y entonces en ese estado de aturdimiento, de confusión, de dolor, inician el camino que imaginan protegerá a sus pequeños...

Son querellantes, dicen, y cómo no serlo, si la inoperancia, la falta de conocimiento y la desidia suelen ser las características más sobresalientes de estos espacios.

"Es una loca de m…, viene, exige, grita, demanda…"

Me pregunto, ¿han podido imaginarse lo que estarán viviendo?, ¿alguna vez intentaron ponerse en sus zapatos?

El mundo que habían construido se vino abajo en un instante, el horror del incesto las alcanzó, lo siniestro domina la escena… y además quieren y deben de proteger a sus hijos o hijas, y entonces en ese estado de aturdimiento, de confusión, de dolor, inician el camino que imaginan protegerá a sus pequeños…

Pero suelen encontrarse con murallas, con funcionarios insensibles, con incrédulos, con inoperantes, con incapaces, y ¿cuál creen que será la reacción de una madre de hierro?, increpar, discutir, demandar, endurecer aún más su armadura de hierro para interponerse a cualquier cosa que ose dañar a sus crías, se interpondrán entre el agresor y los chicos, entre los funcionarios y los chicos, entre el juez y los chicos; tratarán de cubrirlos, de protegerlos, de evitarles los nuevos sufrimientos que pretenden imponerles los que dicen saber de estos temas…

Entonces, ¡cómo no van a reaccionar!, ¡cómo no se van a enojar!, ¡cómo no se van a enfurecer!, si otra vez se repite la dinámica abusiva: aquellos que te deben de proteger te lastiman, te maltratan, te ningunean…

La frustración, el dolor, la incertidumbre y el miedo… Muchas veces el miedo domina la escena, las amenazan con quitarles a los chicos, no les creen, las tratan de mentirosas, de locas, de violentas.

El agresor ya le había dicho… veladamente, a solas, sin testigos, que no pararía hasta quitárselos, que no sabía en lo que se estaba metiendo, que no sabía de lo que él era capaz…[4]

---

[4] María Cecilia López y María Beatriz Müller, *Madres de hierro. Las madres en el abuso sexual infantil*. Buenos Aires: Maipué, 2013, pp. 18-19.

Lo que nosotras venimos advirtiendo durante estos 30 años en los que hemos trabajado con esta temática es que proliferan las explicaciones y las excusas para seguir invisibilizando los abusos sexuales en la infancia. Cualquier explicación que niegue la agresión, aunque sea descabellada, es tomada en cuenta tanto por los organismos de protección y en mayor medida por el Poder Judicial. Es por esto que mencioné al principio que el develamiento del abuso es el inicio de esta ruta crítica, que hemos descrito de manera ideal, esto es, como debieran hacerse las cosas, como están estipulados los pasos a seguir e incluso cómo deben articularse los distintos ministerios que tienen injerencia en la problemática, es decir, salud, educación, justicia, el organismo de niñez y seguridad, para que todos colaboren con el Poder Judicial, evitando de esta manera revictimizar o seguir dañando al/la niño/a víctima del delito, en el contexto de la corresponsabilidad que marcan las leyes internacionales, nacionales y provinciales. Pero como se dice popularmente, "Del dicho al hecho hay un gran trecho", y lo que en realidad ocurre es que siempre, en alguno de los pasos, cuando no en todos, se revictimiza, no se le cree al niño o ponen en la mira a la madre protectora considerando que se trata de una falsa denuncia y que todo se reduce a un conflicto parental. Las explicaciones que se presentan, aunque sean inverosímiles, resultan funcionales para ocultar el abuso sexual de los/as niños/as.

En los últimos años hemos tratado de demostrar el daño que se inflige a las víctimas y lo difícil que resulta obtener penas para los agresores. Siempre señalamos que de 1 000 casos se denuncian 100, se elevan a juicio 10 y se condena uno, es el delito más impune que existe, al grado de que existe una pena más alta estafar con un cheque sin fondos que abusar sexualmente de un niño o una niña.

> De 1 000 casos [de abuso] se denuncian 100, se elevan a juicio 10 y se condena uno.

Primero se dijo que eran fantasías de los niños y las niñas, luego, como esto no se pudo sostener ante los avances de la ciencia, se teorizó sobre la capacidad o incapacidad de recordar de los niños y niñas, y también sobre la mentira, tanto de los infantes como de sus adultos protectores. Cuanto más se hace la luz sobre la victimización de los niños y niñas, surgen con mucha fuerza movimientos en contra, para descalificar su palabra, revictimizar a los pequeños y a todas las personas que deciden creerles.

Esta situación tiene una historia que se remonta a la década de los años ochenta, cuando en Estados Unidos un médico llamado Richard Gardner, testigo experto en los casos de custodia conflictiva, construyó una pseudoteoría que llamó Síndrome de Alienación Parental (SAP o PAS), cuyo objetivo principal era la defensa de padres acusados de incesto o violencias graves. Esta invención le permitió a la justicia norteamericana obtener una justificación para la cantidad enorme de casos de incesto y graves violencias que estaban llegando a sus estrados.

Esta idea se diseminó por toda Latinoamérica y España de manera significativa, y a nuestro país arribó de la mano de un exjuez de familia, Eduardo J. Cárdenas, con el artículo "El abuso de la denuncia de abuso", publicado en el Diario *La Ley* del 15 de septiembre de 2000, que marca un antes y un después en las causas de abuso sexual de niños, niñas y adolescentes. A partir de este artículo, en la justicia argentina se ha convertido en el principal argumento utilizado para explicar y justificar los incestos y los graves hechos de violencia contra los niños y las niñas.

Todo se vuelve patas para arriba, no se cree en la palabra y en los síntomas de los niños y las niñas, las madres protectoras son consideradas instigadoras y promotoras de mentiras, el abuso sexual queda invisibilizado, las víctimas se convierten en victimarios y el depredador en el "pobre padre que no puede ver a sus hijos".

Es alarmante cómo persiste a pesar de haberse planteado la falta absoluta de fundamentación científica, de comprobación empírica, de apoyo de las organizaciones de la salud, de las organizaciones científicas; daría la impresión de que los ámbitos jurídicos son una especie de universo paralelo, en donde priman los mitos, las construcciones y, paradójicamente, las injusticas para niños, niñas y adolescentes.[5]

Consideramos que a pesar de todo cada vez hay más gente intentando cambiar las cosas y lo último que debemos perder es la esperanza de amparar a las víctimas y a sus adultos protectores.

También abrigamos la esperanza de que esta situación que nos ha sacudido nos permita reflexionar y otorgarles a los/as niños/as el lugar que realmente se merecen. El mundo ha tenido que detener su ritmo infernal y destructivo. No vamos a ser los mismos cuando salgamos de esta pandemia, nuestra realidad va a ser otra, ojalá que en ella los niños, las niñas y los/las adolescentes tengan un lugar de respeto y cuidado.

---

[5] María Beatriz Müller, *Mitos, construcciones e injusticias. El éxito judicial del Síndrome de Alienación Parental*. Buenos Aires: Maipue, 2015, p. 9.

CAPÍTULO 9

Una mirada jurídica a la violencia sexual contra niñas, niños y adolescentes

Mtro. Marcos Pérez Esquer
Profesor de la Facultad de Derecho de la Universidad La Salle

Abordar desde el derecho el fenómeno de la violencia sexual contra niñas, niños y adolescentes[1] reviste una importante complejidad que deriva del hecho de que esa noción no ha sido del todo definida como un concepto, institución o categoría jurídica, y ni siquiera como un tipo penal concreto; es más bien un concepto propio de la psicología, de la sociología e incluso de la medicina que refiere, en términos generales, a "cualquier clase de placer sexual con un niño por parte de un adulto desde una posición de poder o autoridad. No es necesario que exista un contacto físico (en forma de penetración o de caricias insanas) para considerar que existe abuso, sino que puede utilizarse al niño como objeto

---

[1] Utilizamos el término "violencia sexual contra niñas, niños y adolescentes", y no el más comúnmente encontrado en la literatura internacional de "violencia sexual infantil" o "violencia sexual contra la infancia" porque en México la ley distingue entre el grupo etario de la "infancia" o "niñez", que es el de las personas menores de 12 años, y el de la "adolescencia", que es el de las personas de entre 12 años cumplidos y menos de 18 años de edad. La Convención sobre los Derechos del Niño, en cambio, no hace esa distinción y considera "niño" a todo menor de 18 años de edad. En consecuencia, preferiremos aquí el uso del término "violencia sexual contra niñas, niños y adolescentes" o "violencia sexual contra menores de edad" en el entendido de que, incluso cuando aludamos a las nociones de "niño", "niñez", "infancia" o "infantil", siguiendo el criterio internacional, nos referimos siempre a menores de 18 años.

de estimulación sexual; se incluye aquí el incesto, la violación, la vejación sexual (manoseo a un niño con o sin ropa, alentar, forzar o permitir a un niño que toque de manera inadecuada al adulto) y el abuso sexual sin contacto físico (seducción verbal, solicitud indecente, exposición de órganos sexuales a un niño, exponerlo a pornografía)",[2] etcétera.

Como puede verse, el concepto es sumamente amplio, de tal suerte que, cuando los operadores del derecho se refieren a la violencia sexual contra niñas, niños y adolescentes, en realidad están hablando de una multiplicidad de conductas y tipos penales denominados de forma general como "delitos sexuales" cuando éstos han sido cometidos contra menores de edad, y que están regulados en diversos cuerpos normativos tanto del ámbito federal como del ámbito de las entidades federativas, todos ellos al cobijo de otras muchas disposiciones de orden internacional en materia de derechos humanos.

Así, la violencia sexual contra niñas, niños y adolescentes puede presentarse a través de diversos tipos penales como el abuso sexual, la violación, el estupro, el acoso sexual, el hostigamiento sexual, el lenocinio y la trata de personas con fines de explotación sexual, la pederastia, la pornografía de menores de edad, la comunicación de contenido sexual, la corrupción de menores, el turismo sexual, el feminicidio, etc. Y cada uno de estos tipos penales, y otros más, se encuentran regulados, con diversas características, en los códigos penales federal y de las entidades federativas, así como en leyes generales que distribuyen competencias al respecto entre el orden federal y el local, como es el caso de la trata de personas, por ejemplo.

Ante esto, ya va quedando clara la complejidad que reviste el tratamiento de este tema desde la ciencia jurídica, pero además

---

[2] Mirna Valle Silva, "Cifras de maltrato". *Síndrome Niño Agredido*, núm. 50 (diciembre de 1999), p. 30.

debemos agregar el hecho de que desde el punto de vista jurídico, el problema de la violencia sexual contra niñas, niños y adolescentes debe de ser abordado principalmente desde la perspectiva de los derechos humanos, y en especial, desde ese segmento al que denominamos derechos humanos de niñas, niños y adolescentes. Sin embargo, atendiendo a las estadísticas, que nos revelan que nueve de cada 10 víctimas de violencia sexual contra menores de edad son niñas y mujeres adolescentes, y que más de 90% de los agresores son hombres, el asunto debe abordarse también desde la óptica de los derechos humanos de las mujeres.

Por lo anterior, a continuación nos abocaremos a comentar e identificar, en los ámbitos internacional y nacional (así como con ciertas referencias al plano local), los principales cuerpos normativos que inciden en la protección de niñas, niños y adolescentes frente al riesgo de la violencia sexual, tanto desde el punto de vista de los derechos humanos como desde la óptica del derecho penal aplicable a estos ilícitos.

Marco jurídico internacional

Convención Americana sobre Derechos Humanos

La Convención Americana sobre Derechos Humanos, también conocida como Pacto de San José de Costa Rica, es el tratado central del sistema interamericano de derechos humanos, constituido por diversos organismos e instrumentos jurídicos suscritos por los países integrantes de la Organización de los Estados Americanos (OEA), y que tiene por propósito velar y proteger los derechos humanos en el continente. Dicha Convención fue suscrita en 1969, para entrar en vigor hasta 1978, adhiriéndose México a ella en 1981, y contiene un dispositivo concreto que alude a los derechos del menor de edad. Se trata del artículo

19, que señala textualmente que "todo niño tiene derecho a las medidas de protección que su condición de menor requieren por parte de su familia, de la sociedad y del Estado".

Si bien se trata de un primer y muy importante esfuerzo regional para institucionalizar los derechos de menores de edad, el precepto resulta ser tan escueto que termina adoleciendo de diversas fallas.

Por una parte, no define qué debe entenderse por "niño", es decir, no señala cuál es la edad que corresponde a la noción de infancia o niñez, y tampoco aclara cuáles son esas "medidas de protección" de las que deben gozar los menores.

El precepto también nos deja ver el viejo paradigma de los derechos del niño, que aunque se hablara de "derechos", no se entendían como derechos subjetivos sino solamente como obligaciones de padres e instituciones estatales; se trataba pues, de una visión proteccionista o paternalista de la infancia, que como veremos, más tarde evolucionó hacia la idea de que niñas y niños son sujetos autónomos de derechos.[3]

La Convención Americana de Derechos Humanos dio vida a la Corte Interamericana de Derechos Humanos, misma que en 2002 reforzó la obligación de los Estados parte de velar por la protección de los derechos del niño, mediante la Opinión Consultiva OC-17 relativa a la Condición Jurídica y Derechos Humanos del Niño, en la cual manifestó que "el Estado tiene el deber de adoptar todas las medidas positivas para asegurar la plena vigencia de los derechos del niño".[4]

---

[3] *Cfr.* Manfred Liebel, "Sobre el interés superior de los niños y la evolución de las facultades". *Anales de la Cátedra Francisco Suárez*, 49, 2015, p. 45.

[4] Corte Interamericana de Derechos Humanos, Opinión Consultiva OC-17/2002, del 28 de agosto de 2002, solicitada por la Comisión Interamericana de Derechos Humanos. Numeral 91.

Pacto Internacional de Derechos Económicos, Sociales y Culturales

A diferencia de la Convención Americana de Derechos Humanos, el Pacto Internacional de Derechos Económicos, Sociales y Culturales forma parte del sistema universal de protección de derechos humanos, es decir, deriva de la Organización de las Naciones Unidas. Fue signado en 1966, pero México se adhirió a él, igual que ocurrió con la Convención Americana de Derechos Humanos, en 1981.

Este pacto también contiene un breve enunciado relacionado con los derechos del niño. Se trata del artículo 10, numeral 3, en el que establece que "se deben adoptar medidas especiales de protección y asistencia a favor de todos los niños y adolescentes, sin discriminación alguna por razón de filiación o cualquier otra condición. Debe protegerse a los niños y adolescentes contra la explotación económica y social. Su empleo en trabajos nocivos para su moral y salud, o en los cuales peligre su vida o se corra el riesgo de perjudicar su desarrollo normal, será sancionado por la ley…"

Como puede verse, este precepto, sobre todo en la última parte que hemos recogido, ya deja entrever el asunto que acá nos ocupa de la violencia sexual contra niñas, niños y adolescentes, ya que, si bien refiere al contexto de un empleo o trabajo nocivo, también alude a la posibilidad de una actividad que perjudique la moral, la salud o el desarrollo normal del infante. Sigue siendo demasiado vago sin duda, pero es apenas el comienzo de un esfuerzo internacional por construir instrumentos jurídicos de protección para menores de edad.

Convención sobre los Derechos del Niño

La Convención sobre los Derechos del Niño fue adoptada en 1989 y ratificada por México en 1990, entrando en vigor en nuestro país en 1991. Al igual que el pacto supracitado, también fue generada en sede universal, y es seguramente el tratado internacional más relevante que exista en materia de protección de derechos de los menores de edad.

En este instrumento se establece lo que universalmente se reconoce como los derechos del niño, tales como el derecho a la identidad, a la salud, a una buena educación, a ser niño, a una familia, a crecer en libertad, a jugar, a expresarse y ser escuchado, a no ser discriminado, a cuidados especiales, a protección y socorro, a no ser abandonado ni maltratado, entre otros.

Asimismo, la Convención obliga a los Estados partes a tomar las medidas necesarias para el cumplimiento efectivo de esos derechos. El artículo 3 establece que "en todas las medidas concernientes a los niños que tomen las instituciones públicas o privadas de bienestar social, los tribunales, las autoridades administrativas o los órganos legislativos, una consideración primordial a que se atenderá será el interés superior del niño".

Con esto, se establece el principio rector de la actuación estatal en relación con niñas, niños y adolescentes: el interés superior del niño. Este principio es una consideración primordial y ha sido recogido por la legislación mexicana.

Los tratados de derechos humanos emergidos de Naciones Unidas cuentan con lo que se denomina "órgano de tratado", que es la instancia u organismo creado por el propio tratado para velar y vigilar por el cumplimiento del mismo. En el caso que nos ocupa, se trata del Comité de los Derechos del Niño (o CRC por sus siglas en inglés). Este comité, mediante la Observación general No. 14, detalló el procedimiento para aplicar este principio a los casos concretos, estableciendo dos grandes etapas: la evaluación y la determinación. La primera consiste en evaluar a la luz de los principios de la Convención (derecho a la vida, a la no discriminación, a ser escuchado, al desarrollo, etc.) las circunstancias específicas de la vida de cada niña, niño o adolescente para observar en qué medida tiene acceso al goce y ejercicio efectivo de sus derechos. La segunda consiste en tomar las medidas razonadas y adaptadas a la edad y desarrollo de la niña, niño o adolescente que garanticen el pleno disfrute y ejercicio de sus derechos.[5]

Por su parte, el artículo 19, numeral 1, atañe ya directamente al asunto que nos ocupa, señalando que "los Estados Partes adoptarán todas las medidas legislativas, administrativas, sociales y educativas apropiadas para proteger al niño contra toda forma de perjuicio o abuso físico o mental, descuido o trato negligente, malos tratos o explotación, incluido el abuso sexual, mientras el niño se encuentre bajo la custodia de los padres, de un representante legal o de cualquier otra persona que lo tenga a su cargo".

Respecto de este precepto, el Comité de los Derechos del Niño también se ha pronunciado mediante la Observación general No. 13, ahondando en que el niño no ha de ser objeto de ninguna forma de violencia e instruyendo a los Estados a cumplir con sus obligaciones en relación con la protección de niñas, niños y adolescentes contra toda forma de violencia, incluido el abuso sexual. En su numeral 25, dicha Observación establece que "se entiende por abuso y explotación sexuales, entre otras: a) la incitación o la coacción para que un niño se dedique a cualquier actividad sexual ilegal o psicológicamente perjudicial; b) la utilización de un niño con fines de explotación sexual comercial; c) la utilización de un niño para la producción de imágenes o grabaciones sonoras de abusos sexuales a niños; d) la prostitución de menores de edad, la esclavitud sexual, la explotación sexual en el turismo y la industria de viajes, la trata (dentro de los países y entre ellos) y la venta de niños con fines sexuales y el matrimonio forzado".[6]

---

[5] *Cfr.* Comité de los Derechos del Niño, Observación general núm. 14 Derecho del niño a que su interés superior sea una consideración primordial. CRC/C/GC/14, 29 de mayo de 2013.

[6] Comité de los Derechos del Niño, Observación general núm. 13 Derecho

El artículo 39 de la Convención también ahonda en el tema al disponer que "los Estados Partes adoptarán todas las medidas apropiadas para promover la recuperación física y psicológica y la reintegración social de todo niño víctima de cualquier forma de abandono, explotación o abuso; tortura u otra forma de tratos o penas crueles, inhumanos o degradantes; o conflictos armados. Esa recuperación y reintegración se llevarán a cabo en un ambiente que fomente la salud, el respeto de sí mismo y la dignidad del niño".

Finalmente, hemos de tener muy en cuenta que de la Convención sobre los Derechos del Niño se han desprendido tres protocolos facultativos. Estos instrumentos son una especie de anexos que los Estados partes acuerdan para agregar derechos progresivamente a los ya dispuestos en el tratado principal, y obligan sólo a los Estados que los signan. El primero es el "Protocolo Facultativo de la Convención sobre los Derechos del Niño Relativo a la Participación de Niños en Conflictos Armados", que tiene por propósito justamente prohibir la participación directa de menores de 18 años en dichos conflictos, así como su reclutamiento; el segundo es el que más importa para nuestro tema porque se trata del "Protocolo Facultativo de la Convención sobre los Derechos del Niño Relativo a la Venta de Niños, la Prostitución Infantil y la Utilización de Niños en la Pornografía". Este protocolo entró en vigor en 2002 con el objeto de prohibir en todos los Estados partes la venta, la prostitución y la pornografía de menores de edad.

En su artículo 2, el protocolo define lo que se entiende por cada una de estas actividades: *a)* por venta de niños se entiende todo acto o transacción en virtud del cual un niño es transferido por una persona o grupo de personas a otra a cambio de remuneración o de

---

del niño a no ser objeto de ninguna forma de violencia. CRC/C/GC/13, 18 de abril de 2011. Numeral 25.

cualquier otra retribución; *b)* por prostitución infantil se entiende la utilización de un niño en actividades sexuales a cambio de remuneración o de cualquier otra retribución; *c)* por pornografía infantil se entiende toda representación, por cualquier medio, de un niño dedicado a actividades sexuales explícitas, reales o simuladas, o toda representación de las partes genitales de un niño con fines primordialmente sexuales.

En artículos subsecuentes, el protocolo obliga a los Estados partes a establecer en su legislación penal la prohibición y las consecuentes sanciones correspondientes a la venta de niños para cualquier fin, entre ellos la explotación sexual, así como su prostitución y su utilización en la pornografía.

Finalmente, está el "Protocolo Facultativo de la Convención sobre los Derechos del Niño Relativo a un Procedimiento de Comunicaciones". Este protocolo tiene el propósito de que los Estados partes acepten la competencia del Comité sobre Derechos del Niño (CRC) para recibir y examinar comunicaciones directas de parte de personas o grupos de personas que denuncien violaciones a los derechos a los que se refieren la Convención y sus protocolos facultativos, y que a partir de dichas comunicaciones individuales se implementen mecanismos de solución amigables, solicitud de informes al Estado, realización de investigaciones, visitas *in loco*, elaboración de informes, dictámenes, recomendaciones y detonar la asistencia internacional de los organismos especializados, fondos y programas, y otros órganos competentes de las Naciones Unidas.

Lamentablemente, en lo que a nuestro juicio constituye una grave falla de nuestro sistema de protección de los derechos de las niñas, niños y adolescentes, este último Protocolo Facultativo aún no ha sido ratificado por México. Es imperioso que el Ejecutivo federal remita a la brevedad este instrumento para su ratificación por el Senado de la República.

Convención Interamericana para Prevenir, Sancionar y Erradicar la Violencia Contra la Mujer (Convención Belem do Pará)

Este tratado adoptado en sede interamericana en 1994 fue ratificado por México en 1999. Es también conocido como Convención Belem do Pará por haber sido signado justamente en esa ciudad de Brasil, y dispone medidas que los Estados partes deben implementar, incluidas las de orden legislativo, para prevenir, sancionar y erradicar la violencia contra la mujer, consagrando el derecho de la mujer a una vida libre de violencia, y entendiendo que la violencia contra la mujer incluye la violencia física, la sexual y la psicológica.

Desde luego, este instrumento jurídico pretende eliminar la violencia contra la mujer independientemente de su edad, es decir, no está dirigido de forma específica al grupo etario de mujeres menores de edad, pero está claro que de igual modo aplica para las niñas y mujeres adolescentes, por lo que constituye un tratado que también incide de manera importante en el combate a la violencia sexual contra niñas, niños y adolescentes porque, como ya decíamos, 90% de las víctimas de este tipo de violencia son mujeres, y la Convención Belem do Pará establece medidas de protección y defensa de los derechos de las mujeres para enfrentar este flagelo.

El artículo 2 de esta Convención aclara que la violencia puede darse tanto en el ámbito privado (incluso dentro del hogar) como en el de la comunidad o en el institucional: " Se entenderá que violencia contra la mujer incluye la violencia física, sexual y psicológica: *a)* que tenga lugar dentro de la familia o unidad doméstica o en cualquier otra relación interpersonal, ya sea que el agresor comparta o haya compartido el mismo domicilio que la mujer, y que comprende, entre otros, violación, maltrato y abuso sexual; *b)* que tenga lugar en la comunidad y sea perpetrada por cualquier persona y que comprende, entre otros, violación, abuso sexual, tortura, trata de personas, prostitución forzada, secuestro y acoso sexual en el lugar de trabajo, así como en instituciones educativas, establecimientos de salud o cualquier otro lugar, y *c)* que sea perpetrada o tolerada por el Estado o sus agentes, dondequiera que ocurra".

Es relevante que este precepto incluya la violencia sexual que tenga lugar dentro de la familia o unidad doméstica porque en nuestro país 60% de estos delitos son cometidos en el hogar de la víctima.

Convención sobre la Eliminación de todas las Formas de Discriminación contra la Mujer (CEDAW)

Esta Convención nace en 1979 en Naciones Unidas, y fue ratificada por México en 1981. Es mejor conocida como la CEDAW por sus siglas en inglés. Incluso el órgano de tratado que de ella se deriva es conocido como Comité CEDAW.

Si bien este tratado en un inicio estaba pensado para combatir la discriminación contra la mujer, entendiendo por esta expresión "toda distinción o restricción basada en el sexo que tenga por objeto o por resultado menoscabar o anular el reconocimiento, goce o ejercicio por la mujer, independientemente de su estado civil, sobre la base de la igualdad del hombre y la mujer, de los derechos humanos y las libertades fundamentales en las esferas política, económica, social, cultural y civil o en cualquier otra esfera",[7] y por lo tanto, no de manera directa en la cuestión de la violencia sexual, también es cierto que ya disponía en su artículo 6 de algo que incide en esta problemática: "Los Estados Partes tomarán todas las medidas apropiadas, incluso de carácter legislativo, para suprimir todas las formas de trata de mujeres y de explotación en la prostitución de la mujer".

---

[7] *Cfr.* artículo 1 de la CEDAW.

No obstante lo anterior, a efecto de colmar lagunas legales, el Comité CEDAW emitió en 1992 la famosa Recomendación General número 19, "La violencia contra la mujer", en la cual aclara, en su numeral 6, que "en la definición de la discriminación se incluye la violencia basada en el sexo, es decir, la violencia dirigida contra la mujer porque es mujer o que la afecta en forma desproporcionada. Se incluyen actos que infligen daño o sufrimiento de índole física, mental o sexual, las amenazas de esos actos, la coacción y otras formas de privación de la libertad. La violencia puede contravenir disposiciones concretas de la Convención, independientemente de que en ellas se mencione expresamente la violencia o no".

A partir de esta primera consideración, la recomendación aborda, en la interpretación de diversos artículos de la CEDAW, aspectos como la explotación sexual, el turismo sexual, la agresión sexual, el hostigamiento sexual, etc. Incluso en su numeral 23 señala que "la violencia en la familia es una de las formas más insidiosas de la violencia contra la mujer. Existe en todas las sociedades. En las relaciones familiares, se somete a las mujeres de cualquier edad a violencia de todo tipo, incluidas las lesiones, la violación, y otras formas de ataque sexual". En consecuencia, en los numerales enfocados a recomendaciones concretas, enlista una serie amplia de medidas que los Estados deben de implementar para combatir estos lacerantes fenómenos.

Marco jurídico nacional

Constitución Política de los Estados Unidos Mexicanos

Es fundamental anotar que las disposiciones contenidas en los tratados de derechos humanos a los cuales nos hemos referido antes son parte de la Ley Suprema de toda la Unión, según lo dispone el artículo 133 de nuestra Constitución; asimismo, cabe señalar el hecho no menos importante de que, a partir de la reforma de 2011 en materia de derechos humanos, el artículo 1° de nuestra Carta Magna contempla que "en los Estados Unidos Mexicanos todas las personas gozarán de los derechos humanos reconocidos en esta Constitución y en los tratados internacionales de los que el Estado Mexicano sea parte, así como de las garantías para su protección […]. Las normas relativas a los derechos humanos se interpretarán de conformidad con esta Constitución y con los tratados internacionales de la materia favoreciendo en todo tiempo a las personas la protección más amplia. Todas las autoridades, en el ámbito de sus competencias, tienen la obligación de promover, respetar, proteger y garantizar los derechos humanos de conformidad con los principios de universalidad, interdependencia, indivisibilidad y progresividad. En consecuencia, el Estado deberá prevenir, investigar, sancionar y reparar las violaciones a los derechos humanos, en los términos que establezca la ley".

De lo anterior se desprende que el Estado Mexicano debe de implementar todas las medidas apropiadas para prevenir, investigar, sancionar y reparar violaciones a los derechos humanos relacionados con la violencia sexual contra niñas, niños y adolescentes, así como aplicar el principio del interés superior de la infancia en todas sus actuaciones. De hecho, el artículo 4°, en su párrafo noveno, alude expresamente a este principio señalando que "en todas las decisiones y actuaciones del Estado se velará y cumplirá con el principio del interés superior de la niñez, garantizando de manera plena sus derechos".

Es importante detenernos un momento para hacer hincapié en que el interés superior de la infancia o de la niñez es un principio que nuestra Carta Magna recoge de la Convención sobre los Derechos del Niño, y que constituye el principio rector en la materia. Implica nada más y nada menos que la obligación del Estado mexicano de priorizar el interés de las niñas, niños y adolescentes en absolutamente todas sus actuaciones, sea la expedición de una ley, la ejecución de la misma, una resolución judicial, la implementación de una política pública, etcétera.

Por último, hay que anotar también que nuestra Constitución consigna en su artículo 19, segundo párrafo, que "el juez ordenará la prisión preventiva oficiosamente en los casos de abuso o violencia sexual contra menores", es decir, integra este tipo de delitos en el catálogo de los que de manera forzosa implican la medida cautelar de prisión, entre los que también están la violación, la trata de personas y el feminicidio, entre otros.

Ley General de los Derechos de Niñas, Niños y Adolescentes

Por reforma constitucional del 12 de octubre de 2011, nuestra Carta Magna recogió el principio del interés superior de la infancia consignándolo en el artículo 4° como hemos visto, pero también reformó el artículo 73 adicionándole la fracción XXIX-P con el fin de dotar al Congreso de la Unión de la facultad para "expedir leyes que establezcan la concurrencia de la Federación, los Estados, el Distrito Federal y los Municipios, en el ámbito de sus respectivas competencias, en materia de derechos de niñas, niños y adolescentes, velando en todo momento por el interés superior de los mismos y cumpliendo con los tratados internacionales en la materia, de los que México sea parte".

En este sentido, con el propósito de garantizar la protección de los derechos de niñas, niños y adolescentes, el 4 de diciembre de 2014 se expidió la Ley General de los Derechos de Niñas, Niños y Adolescentes.

El artículo 6 de esta ley, en su fracción XIII, consigna "el acceso a una vida libre de violencia" como un principio rector, y en su artículo 13, fracción VII, incluye en el catálogo de derechos de niñas, niños y adolescentes precisamente "el derecho a una vida libre de violencia y a la integridad personal".

En sus artículos 46 y 47, la ley desarrolla este derecho señalando que las autoridades están obligadas a tomar las medidas necesarias para prevenir, atender y sancionar los casos en que niñas, niños y adolescentes se vean afectados por corrupción de menores, trata de personas, abuso sexual, explotación sexual, entre otros.

Es importante mencionar que esta ley crea un Sistema Nacional de Protección Integral de Niñas, Niños y Adolescentes (Sipinna), y sus equivalentes estatales, así como una Procuraduría de Protección de Niñas, Niños y Adolescentes a nivel federal y una Procuraduría de Protección en cada entidad federativa, adscritas al Sistema de Desarrollo Integral de la Familia (DIF), las cuales tienen el propósito de velar por el cumplimiento efectivo de los derechos de niñas, niños y adolescentes. Desafortunadamente estas instancias no han contado aún con el apoyo suficiente, ni en términos de relevancia política ni de asignación presupuestaria, para llevar a cabo su misión de manera apropiada.

En su momento, Unicef-México realizó un estudio para calcular el presupuesto mínimo con el que deberían contar las procuradurías de protección en las entidades federativas, encontrando que el monto necesario era de al menos 2 487 millones de pesos, siendo que los estados de la República sólo asignaban el equivalente a 27% de esa cantidad, por lo cual recomendaba al gobierno federal implementar un fondo o aportación especial para complementar el requerimiento. Al día de hoy, lamentablemente no ha ocurrido.[8]

Ley General de Acceso de las Mujeres a una Vida Libre de Violencia

Así como de la Convención sobre los Derechos del Niño derivó una Ley General de Derechos de Niñas, Niños y Adolescentes, así

[8] *Cfr*. Unicef México, Informe de costeo de las Procuradurías de Protección de Niñas, Niños y Adolescentes en las entidades federativas. 2015.

también de la Convención Belem do Pará, que ya hemos comentado, derivó una Ley General de Acceso de las Mujeres a una Vida Libre de Violencia. El 1 de febrero de 2007 se publicó esta nueva ley en el *Diario Oficial de la Federación*, y estableció como principios rectores la igualdad jurídica entre mujeres y hombres, el respeto a la dignidad humana de las mujeres, la no discriminación y la libertad de las mujeres. En su artículo 5, fracción IV, consignó como "violencia contra las mujeres: cualquier acción u omisión, basada en su género, que les cause daño o sufrimiento psicológico, físico, patrimonial, económico, sexual o la muerte tanto en el ámbito privado como en el público". Y en el artículo 6, fracción V, definió "la violencia sexual. Es cualquier acto que degrada o daña el cuerpo y/o la sexualidad de la víctima y que por tanto atenta contra su libertad, dignidad e integridad física. Es una expresión de abuso de poder que implica la supremacía masculina sobre la mujer, al denigrarla y concebirla como objeto".

Por otra parte, la ley define las diversas modalidades de la violencia y hace hincapié en que la violencia en el ámbito familiar puede incluir la violencia sexual, y en que la violencia laboral y docente, por su parte, pueden incluir el acoso y el hostigamiento sexual.

Ley General para Prevenir, Sancionar y Erradicar los Delitos en Materia de Trata de Personas y para la Protección y Asistencia a las Víctimas de estos Delitos

Esta ley, comúnmente conocida como ley general de trata, contempla en su artículo 10, fracción III, "la prostitución ajena u otras formas de explotación sexual" como una de las modalidades de la trata de personas. El delito concreto aparece en el artículo 13, que señala que lo comete quien "se beneficie de la explotación de una o más personas a través de la prostitución, la pornografía, las exhibiciones públicas o privadas de orden sexual, el turismo sexual o cualquier otra actividad sexual remunerada mediante: I. El engaño; II. La violencia física o moral; III. El abuso de poder; IV. El aprovechamiento de una situación de vulnerabilidad; V. Daño grave o amenaza de daño grave; o VI. La amenaza de denunciarle ante autoridades respecto a su situación migratoria en el país o cualquier otro abuso de la utilización de la ley o procedimientos legales que provoque que el sujeto pasivo se someta a las exigencias del activo". Una situación de vulnerabilidad concreta sería precisamente la de la edad, así como la del sexo.

El artículo 14 define el delito de pornografía, mismo que lo comete quien "someta a una persona o se beneficie de someter a una persona para que realice actos pornográficos, o produzca o se beneficie de la producción de material pornográfico, o engañe o participe en engañar a una persona para prestar servicios sexuales o realizar actos pornográficos". El artículo 15 agrega: "Al que se beneficie económicamente de la explotación de una persona mediante el comercio, distribución, exposición, circulación u oferta de libros, revistas, escritos, grabaciones, filmes, fotografías, anuncios impresos, imágenes u objetos, de carácter lascivo o sexual, reales o simulados, sea de manera física, o a través de cualquier medio".

El artículo 16 es especialmente relevante para nuestro tema porque alude en específico a pornografía de menores de edad, estableciendo que también comete el delito quien "procure, promueva, obligue, publicite, gestione, facilite o induzca, por cualquier medio, a una persona menor de 18 años de edad [...] a realizar actos sexuales o de exhibicionismo corporal, con fines sexuales, reales o simulados, con el objeto de producir material a través de videograbarlas, audiograbarlas, fotografiarlas, filmarlos, exhibirlos o describirlos a través de anuncios impresos, sistemas de cómputo, electrónicos o sucedáneos, y se beneficie económicamente de la explotación de la persona". Así como el artículo

18, que alude en concreto al turismo sexual de menores de edad, señalando que comete el delito quien "promueva, publicite, invite, facilite o gestione por cualquier medio a que una o más personas viajen al interior o exterior del territorio nacional con la finalidad de que realicen cualquier tipo de actos sexuales, reales o simulados, con una o varias personas menores de 18 años de edad […] y se beneficie económicamente de ello".

Código Penal Federal

Como hemos visto, aunque existen diversas leyes que pueden contener tipos penales, el Código Penal Federal es por definición el cuerpo normativo al que por antonomasia le corresponde definir o tipificar los delitos y fijar las penas que les corresponden. Sin embargo, los delitos sexuales en realidad son competencia del fuero común, esto es, corresponde a las legislaturas de los estados definirlos en sus códigos penales locales y aplicarlos. No obstante, el Código Penal Federal contiene este tipo de delitos básicamente por tres motivos: primero porque son una reminiscencia de cuando este código en efecto aplicaba en el entonces Distrito Federal (antes de que tuviera su propio Poder Legislativo, y en consecuencia su propia legislación penal), y en los territorios que aún no se constituían en entidades federativas; segundo, porque sigue aplicando en las partes del territorio nacional que no correspondan a ninguna de las entidades federativas, como algunas islas y espacios marítimos y aéreos,[9] y tercero, porque funcionan como una guía o modelo a seguir para tipificar algunos delitos en el

[9] En los términos dispuestos por el artículo 48 constitucional, el cual señala que "las islas, los cayos y arrecifes de los mares adyacentes que pertenezcan al territorio nacional, la plataforma continental, los zócalos submarinos de las islas, de los cayos y arrecifes, los mares territoriales, las aguas marítimas interiores y el espacio situado sobre el territorio nacional, dependerán directamente del

orden local. En este sentido, los tipos penales consignados en las legislaciones locales suelen ser similares a los dispuestos en esta codificación federal, y es por ello que también resulta pertinente revisar estos tipos si queremos tener una idea general de la manera en que la legislación de nuestro país aborda estas conductas punibles, lo cual no implica desconocer que existen códigos penales locales más avanzados que el federal en materia de protección a menores de edad y su desarrollo psicosexual, como el de la Ciudad de México o el del Estado de México, por ejemplo, pero por razones obvias, seguiremos aquí el modelo federal, invitando a quienes quieran profundizar en el tema a acudir a esas legislaciones. Así las cosas, empecemos por los delitos sexuales específicamente dirigidos a la protección de menores de edad.

a) Comunicación de contenido sexual

El artículo 199 Septies indica que comete este delito "quien haciendo uso de medios de radiodifusión, telecomunicaciones, informáticos o cualquier otro medio de transmisión de datos, contacte a una persona menor de 18 años de edad [...] y le requiera imágenes, audio o video de actividades sexuales explícitas, actos de connotación sexual, o le solicite un encuentro sexual".

Este tipo penal es el que comúnmente se conoce en los medios de comunicación como *grooming* (del inglés "acicalando") o "engaño pederasta", es decir, cuando una persona adulta se acerca a un menor de edad mediante redes sociales o cualquier plataforma de internet por lo general para intentar ganar su confianza, crear lazos emocionales y poder obtener de éste material pornográfico o sexualmente explícito de su propio cuerpo.[10]

Gobierno de la Federación, con excepción de aquellas islas sobre las que hasta la fecha hayan ejercido jurisdicción los Estados".

[10] *Cfr.* Nasheli Escobar, "Qué es el *grooming* y cómo podemos proteger a

Debido al auge de las redes sociales y del internet en general, y del hecho de que cada vez más niñas, niños y adolescentes utilizan estas herramientas y cada vez a más corta edad, es sumamente importante que las legislaciones penales locales contemplen esta conducta como punible.

b) Corrupción de menores

El artículo 200 establece este tipo penal para quien "comercie, distribuya, exponga, haga circular u oferte, a menores de 18 años de edad, libros, escritos, grabaciones, filmes, fotografías, anuncios impresos, imágenes u objetos, de carácter pornográfico, reales o simulados, sea de manera física, o a través de cualquier medio". Y el 201 agrega que "comete el delito de corrupción de menores quien obligue, induzca, facilite o procure a una o varias personas menores de 18 años de edad [...] a realizar cualquiera de los siguientes actos: [...] f) Realizar actos de exhibicionismo corporal o sexuales simulados o no, con fin lascivo o sexual".

Este tipo penal incluye otros aspectos como inducir al menor al consumo de drogas, o a la comisión de un delito, etc., pero aquí recogemos sólo la parte conducente a la violencia sexual contra menores.

c) Pornografía de menores de edad

El artículo 202 establece que "comete el delito de pornografía de personas menores de 18 años de edad [...] quien procure, facilite o induzca, por cualquier medio, a una o varias personas a realizar actos sexuales o de exhibicionismo corporal con fines lascivos o sexuales, reales o simulados, con el objeto de videograbarlos,

---

los niños en internet". En hipertextual.com (19 de mayo de 2015). Consultado el 14 de junio de 2020.

fotografiarlos, filmarlos, exhibirlos o describirlos a través de anuncios impresos, transmisión de archivos de datos en red pública o privada de telecomunicaciones, sistemas de cómputo, electrónicos o sucedáneos [...]. A quien fije, imprima, videograbe, fotografíe, filme o describa actos de exhibicionismo corporal o lascivos o sexuales, reales o simulados, en que participen una o varias personas menores de 18 años de edad".

Por las mismas razones que hemos expuesto con motivo del *grooming*, resulta de suma importancia que las autoridades competentes estén alertas a efecto de inhibir el creciente fenómeno de la pornografía de menores de edad por medios digitales, lo cual puede realizarse mediante la aplicación de la ley general de trata que mencionamos antes.

d) Turismo sexual

El artículo 203 señala que "comete el delito de turismo sexual quien promueva, publicite, invite, facilite o gestione por cualquier medio a que una o más personas viajen al interior o exterior del territorio nacional con la finalidad de que realice cualquier tipo de actos sexuales reales o simulados con una o varias personas menores de 18 años de edad".

Es importante recordar que este delito también se encuentra contemplado en la mencionada ley general de trata.

e) Lenocinio

Al igual que sucede con la pornografía de menores de edad y el turismo sexual de menores de edad, el delito de lenocinio también está ya recogido en la ley general de trata de personas. Asimismo, el Código Penal Federal lo contempla al señalar en su artículo 204 que "comete el delito de lenocinio de personas menores de 18 años de edad [...]: I.- Toda persona que explote el cuerpo de las personas antes mencionadas, por medio del comercio carnal u obtenga de él un lucro cualquiera; II.- Al que induzca o solicite a cualquiera de las personas mencionadas para que comercie sexualmente con su cuerpo o le facilite los medios para que se entregue a la prostitución, y III.- Al que regentee, administre o sostenga, directa o indirectamente, prostíbulos, casas de cita o lugares de concurrencia dedicados a explotar la prostitución de personas menores de 18 años de edad […], u obtenga cualquier beneficio con sus productos".

f) Pederastia

El artículo 209 Bis establece que comete este delito "quien se aproveche de la confianza, subordinación o superioridad que tiene sobre un menor de 18 años, derivada de su parentesco en cualquier grado, tutela, curatela, guarda o custodia, relación docente, religiosa, laboral, médica, cultural, doméstica o de cualquier otra índole y ejecute, obligue, induzca o convenza a ejecutar cualquier acto sexual, con o sin su consentimiento".

Por reforma publicada el 19 de agosto de 2010, se incorporó este delito al Código Penal Federal, en el ánimo de generar un proceso de homologación en los códigos penales locales. Veracruz fue el primer estado de la República que lo incluyó en su legislación. Hoy por hoy varios estados más ya lo han hecho, como Yucatán, Tlaxcala, Quintana Roo y la Ciudad de México.

Si bien los estados que aún no tienen contemplado el delito de pederastia castigan estas conductas bajo otros tipos penales, como la violación, el abuso sexual, el acoso sexual o el hostigamiento sexual, también es cierto que en la mayoría de los casos se sancionan con penas bajas y generalmente admiten seguir el proceso en libertad bajo caución, con el consecuente riesgo que significa ello para la víctima y para otras niñas, niños y adolescentes.

En adelante abordaremos los delitos sexuales contemplados en nuestro Código Penal Federal que no están específicamente ideados para proteger a menores de edad, sino a cualquier persona, pero que eventualmente podrían tener por sujeto pasivo a niñas, niños y adolescentes. Veamos:

1) Hostigamiento sexual

El artículo 259 Bis señala que comete este ilícito quien "con fines lascivos asedie reiteradamente a persona de cualquier sexo, valiéndose de su posición jerárquica derivada de sus relaciones laborales, docentes, domésticas o cualquiera otra que implique subordinación".

2) Abuso sexual

Este delito se encuentra en el artículo 260, el cual indica que "comete el delito de abuso sexual quien ejecute en una persona, sin su consentimiento, o la obligue a ejecutar para sí o en otra persona, actos sexuales sin el propósito de llegar a la cópula [...]. Se entiende por actos sexuales los tocamientos o manoseos corporales obscenos, o los que representen actos explícitamente sexuales u obliguen a la víctima a representarlos [...]. También se considera abuso sexual cuando se obligue a la víctima a observar un acto sexual, o a exhibir su cuerpo sin su consentimiento".

El artículo 262 sí se enfoca específicamente en menores al señalar "a quien cometa el delito de abuso sexual en una persona menor de 15 años de edad [...] aun con su consentimiento, o que por cualquier causa no pueda resistirlo o la obligue a ejecutarlo en sí o en otra persona".

3) Estupro

El artículo 262 contempla este delito al señalar a quien "tenga cópula con persona mayor de 15 años y menor de 18, obteniendo su consentimiento por medio de engaño", y el artículo 263 agrega que "en el caso del artículo anterior, no se procederá contra el sujeto activo, sino por queja del ofendido o de sus representantes".

Éste es un delito que se encuentra con frecuencia en los códigos locales, y el criterio que históricamente se ha utilizado para demostrar que no hubo engaño, y que por lo tanto no hay lugar a la sanción es que el sujeto activo contraiga matrimonio con la víctima. Desde luego, éstas son reminiscencias de un pasado no tan lejano en el cual se consideraba normal que un adulto se casara con alguien menor de edad. Hay que recordar que fue apenas en este mismo año 2020 que ya la totalidad de las entidades federativas homologaron sus legislaciones civiles locales para prohibir el matrimonio de personas menores de edad, también conocido como "matrimonio infantil".

4) Violación

Este delito está contenido en el artículo 265 y lo atribuye a "quien por medio de violencia física o moral realice cópula con persona de cualquier sexo [...]. Para los efectos de este artículo, se entiende por cópula la introducción del miembro viril en el cuerpo de la víctima por vía vaginal, anal u oral, independientemente de su sexo".

En ese mismo artículo, pero en su tercer párrafo, encontramos lo que en la doctrina suele denominarse "violación impropia", es decir, una conducta que no consiste en la cópula propiamente dicha, pero que se asemeja y por lo tanto se castiga de igual manera: "Se considerará también como violación y se sancionará [...] al que introduzca por vía vaginal o anal cualquier elemento o instrumento distinto al miembro viril, por medio de violencia física o moral, sea cual fuere el sexo del ofendido".

En el siguiente artículo, es decir, el 266, se contiene lo que la academia conoce como "violación equiparada". El precepto señala que "se equipara a violación y se sancionará [...] I.- Al que sin violencia realice cópula con persona menor de 15 años de edad; II.- Al que sin violencia realice cópula con persona que no tenga la capacidad de comprender el significado del hecho o por cualquier causa no pueda resistirlo; y III.- Al que sin violencia y con fines lascivos introduzca por vía anal o vaginal cualquier elemento o instrumento distinto del miembro viril en una persona menor de 15 años de edad [...], sea cual fuere el sexo de la víctima".

5) Incesto

El incesto consiste, de acuerdo con lo que señala el primer párrafo del artículo 272, en que "los ascendientes tengan relaciones sexuales con sus descendientes, siempre y cuando estos últimos sean mayores de edad". Esto significa que expresamente se excluye a los menores de edad como potenciales sujetos pasivos o víctimas de este delito, sin embargo, en el segundo párrafo del mismo dispositivo se aclara que "cuando la víctima sea menor de edad, la conducta siempre será entendida como típica de violación". Esto es, que tratándose de relaciones sexuales sostenidas por un ascendiente con su descendiente infante se considera una violación lisa y llana.

6) Feminicidio

Este tipo penal ya ha sido recogido por todas las entidades federativas en sus respectivas legislaciones penales. Consiste, de acuerdo al artículo 325, en lo siguiente: "Comete el delito de feminicidio quien prive de la vida a una mujer por razones de género. Se considera que existen razones de género cuando concurra alguna de las siguientes circunstancias: I.- La víctima presente signos de violencia sexual de cualquier tipo..."

De lo anterior se desprende que no es homicidio doloso, sino feminicidio, cuando la víctima, siendo mujer, presenta signos de violencia sexual. Desde luego la clasificación del delito como feminicidio implica el endurecimiento de la pena. En este sentido, y para el tema que a nosotros nos ocupa, una mujer menor de edad a la que se le haya privado de la vida presentando signos de violencia sexual deberá de ser considerada víctima de la violencia feminicida.

Comentario final

Después de esta rápida revisión de los aspectos jurídicos más relevantes en torno a la violencia sexual contra niñas, niños y adolescentes, parece quedar muy claro que, si bien es cierto que el tema reviste una gran complejidad, es mucho lo que puede hacerse desde la ley para combatir este flagelo de nuestra sociedad.

En este sentido, es conveniente tener en cuenta que hoy por hoy se siguen haciendo esfuerzos legislativos para robustecer el entramado legal e institucional en materia de combate a la violencia sexual contra niñas, niños y adolescentes. Algunos de estos esfuerzos deben de ser apurados para mejorar el esquema de protección a menores de edad, como lo es, por ejemplo, la propuesta de hacer imprescriptibles muchos de estos delitos, así como la de eliminar la persecución sólo por querella de parte ofendida en todos ellos para que en todo caso se persigan de oficio.

Otro aspecto que está hoy día en la agenda pública legislativa y que podría colaborar muchísimo a efecto de que se homologuen los tipos penales y sus sanciones, es el de expedir un Código Penal Nacional, es decir, contar con un código penal único para todo el país, prescindiendo ya de las legislaciones penales locales, tal como se ha hecho con otras leyes como la Ley Nacional del Sistema Integral de Justicia Penal para Adolescentes, por ejemplo. No obviamos el hecho de que la expedición de un Código Nacional implique también algunas inconveniencias que deben de ser finamente consideradas, como la de restar autonomía a las entidades federativas para elaborar sus códigos en función de sus propias realidades locales, por poner un caso. Sin embargo, para el tema que nos ocupa, un código único bien podría poner orden normativo y colaborar en el fortalecimiento de las medidas de protección para el libre desarrollo de niñas, niños y adolescentes en nuestro país.

Bibliografía

Castilla, Karlos (2014). *La protección de los derechos humanos de niñas y niños en el Sistema Interamericano de Derechos Humanos*. En "Derechos humanos de los grupos vulnerables". Barcelona: Red Derechos Humanos y Educación Superior.

Centro de Estudios para el Adelanto de las Mujeres y la Equidad de Género (CEAMEG) (2009). *Derechos de la infancia*. México: Cámara de Diputados del Congreso de la Unión. LX Legislatura, abril.

Centro de Estudios para el Adelanto de las Mujeres y la Equidad de Género (CEAMEG) (2016). *Abuso sexual infantil*. México: Cámara de Diputados del Congreso de la Unión. LXIII Legislatura, junio.

Centro de Estudios para el Logro de la Igualdad de Género (CELIG) (2019). *Niñas, niños y adolescentes víctimas de la violencia en México*. México: Cámara de Diputados del Congreso de la Unión. LXIII Legislatura, febrero.

Comité de los Derechos del Niño (2011). Observación general núm. 13 Derecho del niño a no ser objeto de ninguna forma de violencia. CRC/C/GC/13, 18 de abril.

Comité de los Derechos del Niño (2013). Observación general núm. 14 Derecho del niño a que su interés superior sea una consideración primordial. CRC/C/GC/14, 29 de mayo.

Corte Interamericana de Derechos Humanos (2002). Opinión Consultiva OC-17/2002, solicitada por la Comisión Interamericana de Derechos Humanos, 28 de agosto.

Escobar, Nasheli (2015). "Qué es el *grooming* y cómo podemos proteger a los niños en internet". En hipertextual.com, 19 de mayo. Consultado el 14 de junio de 2020.

Liebel, Manfred (2015). "Sobre el interés superior de los niños y la evolución de las facultades". *Anales de la Cátedra Francisco Suárez*, núm. 49.

Morlachetti, Alejandro (2014). *La Convención sobre los Derechos del Niño y la protección de la infancia en la normativa internacional de derechos humanos*. En "Derechos humanos de los grupos vulnerables". Barcelona: Red Derechos Humanos y Educación Superior.

Ortega Soriano, Ricardo Alberto (2018). *Estándares para Niñas, Niños y Adolescentes*. México: UNAM/CNDH. Colección Estándares del Sistema Interamericano de Derechos Humanos, núm. 8.

Valle Silva, Mirna (1999). "Cifras de maltrato". *Revista Síndrome Niño Agredido*, núm. 50, diciembre.

Unicef México (2015). *Informe de costeo de las Procuradurías de Protección de Niñas, Niños y Adolescentes en las entidades federativas.*

CAPÍTULO 10

Todos tenemos una tarea por delante

Moisés Laniado
Profesor de la Facultad de Derecho
de la Universidad La Salle

La reacción que expresemos en ese momento será fundamental para poder enfrentar el suceso y poder llevarlo a un final, si no feliz —pues este tipo de experiencias nunca llegan a desaparecer de la historia de los niños— por lo menos uno con mejores resultados.

¿Qué podemos hacer los padres?

Es fundamental, para proteger y prevenir que alguien ejerza su poder para lastimar a nuestros hijos, establecer con ellos una profunda relación de confianza con una comunicación abierta. Esto quizá no impida que alguien intente hacerles daño, pero sin duda permitirá que nuestros hijos hablen con nosotros sobre lo que les ha sucedido, así evitaremos que la violencia continúe y buscaremos que reciban lo más pronto posible la ayuda profesional que requieren para que este evento no consiga marcar de manera dañina por el resto de su vida.

Poner límites a la obediencia

Los niños se dan cuenta si su integridad física o emocional está en peligro; por tanto, no deben de obedecer cuando sientan que están en riesgo, por ejemplo, si se les obliga a besar a un adulto con el cual no se sienten cómodos. También resulta imprescindible dejar bien claro que no deben de obedecer si se les pide decir mentiras o guardar secretos. Tampoco deben de obedecer a extraños y ni deben de acceder si se les pide hacer daño a otros.

Los límites son extremadamente importantes para los niños, pues les da la seguridad y confianza para conseguir un desarrollo pleno; sin embargo, deben de excluir los que ya hemos mencionado.

Educación básica anatómica y sexual

Es fundamental que los niños comprendan su anatomía y que llamen a cada parte de su cuerpo por su nombre, brazo, cabeza, nariz, pierna, pecho, busto, nalgas, pene y vagina. También es esencial que sepan cuáles son sus partes privadas (las que cubre el traje de baño). Indique a sus hijos que su cuerpo les pertenece a ellos y que nadie tiene derecho a ver sus partes privadas, nadie tiene derecho a hablar de ellas ni a tocarlas. De igual forma deje perfectamente claro que ellos tampoco tienen derecho a hablar, ver o tocar las partes privadas de otro niño o adulto. Si surgen las preguntas normales durante su desarrollo, tales como, "¿de dónde vienen los bebés?", permanezca tranquilo, revierta la pregunta, "¿tú qué piensas?", y dé una respuesta simple y honesta de acuerdo con la madurez y desarrollo actual del niño. Esas preguntas volverán a surgir conforme crezca y exija mayores detalles.

Enseñe a sus hijos la diferencia
entre secreto y sorpresa

Sus hijos deben de aprender lo que está bien cuando se oculta una acción para provocar sorpresa en alguien; sin embargo, este encubrimiento tiene un margen temporal, por ejemplo, el Día de la Madre, el cumpleaños de papá, etc. En cambio, un secreto es muy diferente, pues no tiene un margen temporal y por lo general intenta esconder una mala acción. Enseñe a sus hijos que las malas acciones se descubrirán tarde o temprano, y que su develación nunca determinará la calidad de su amor por ellos.

Enseñe a sus hijos a no recibir regalos o sobornos
de nadie sin que usted lo autorice

Sus hijos nunca deben de recibir regalos de nadie sin su supervisión. Los agresores sexuales suelen utilizar esta técnica para ganar la confianza y el cariño de sus víctimas. En todo momento, usted debe de tener conocimiento de quién y qué les está ofreciendo a sus hijos.

Enseñe a sus hijos que los adultos tienen amigos adultos
y los niños tienen amigos de su edad

Un adulto no tiene por qué ser amigo de un niño. Hablar, ver o tocar las partes privadas nunca es un juego y nunca es un secreto.

Platique con sus hijos sobre los contactos apropiados
y los contactos inapropiados

Se siente bien cuando mamá me besa y me abraza al llegar de la escuela. Se siente bien cuando papá me arropa y me da un beso antes de dormir. Se siente bien cuando juego luchitas con mi hermano. Se siente bien cuando me caigo y mi abuelita me sienta en su regazo para consolarme. Se siente bien cuando meto un gol y mis compañeros me abrazan. Pero ningún toque que involucre mis partes privadas está bien, y eso debe de quedarme muy claro. Los besos, abrazos y caricias no deben de implicar las partes privadas.

El doctor

Enseñe a su hijo que el doctor es nuestro amigo, y que en ocasiones necesitará tocar sus partes privadas, pero siempre deberá de hacerlo en presencia de papá o mamá.

El baño

Bañarse con sus hijos está bien, pero hasta cierta edad, pues en algún momento ellos deberán hacerlo solos.

Política de puertas abiertas

Cuando vienen amigos a jugar a casa, las puertas deberán de permanecer abiertas en todo momento. No con el objetivo de extravigilar a los niños, sino para que sepan que en cualquier momento alguien puede entrar, lo que evita que cualquier individuo se sienta libre o protegido para hacer algo indebido.

Establezca reglas de seguridad dentro y fuera de casa

Así como enseñamos a nuestros hijos a no tocar el contacto eléctrico, a no abrir la puerta a extraños, etc., también debemos de establecer reglas de seguridad personal como horarios para bañarse y vestirse, supervisión periódica de lo que hacen y con quién, etcétera.

Quizá lo más importante en la relación con sus hijos es dejar claro que usted les tiene confianza, y que ellos pueden confiar en usted en todo momento. Esto se vuelve más difícil cuando los niños entran en la etapa de la adolescencia, pues tratan de alejarse de los patrones familiares para encontrar su propia identidad. Esta época puede estar salpicada de discusiones, regaños, rebeldías y desobediencia, lo cual es natural. Sin embargo, trate de que sus hijos sepan que aun cuando estén enojados, siempre pueden contar con usted para lo que sea. Esto se logra más fácilmente cuando desde pequeños se practica una comunicación abierta, donde los chicos pueden expresar sus dudas, sentimientos y emociones sin sentirse juzgados y en un clima de amor y respeto.

Algunas técnicas de prevención para los padres

Éstas son solamente algunas de las muchas técnicas que pueden aplicarse para obtener buenos resultados a la hora de establecer una buena comunicación y prevenir que nuestros hijos se pongan en riesgo.

¿Qué tal si?

Es un juego muy sencillo que ayuda a abrir el tema de la seguridad con nuestros hijos. Se comienza haciendo preguntas sencillas que tienen respuestas simples, como: "¿Qué tal si me dijeras qué te gustaría que te regale en tu cumpleaños?" Luego se continúa con preguntas más relevantes como: "¿Qué pasaría si tu maestra descubre que hiciste trampa en el examen?", "¿Qué tal si alguien te ofrece un dulce o un regalo a cambio de que le des un besito?", "¿Qué tal si alguien trata de ver o tocar tus partes privadas?", etcétera. Este juego nos permite, como padres, descubrir la forma de pensar de nuestros hijos, así como conocer la etapa de madurez en la que se encuentran, y nos da la posibilidad de dirigir su pensamiento hacia rutas más seguras haciéndoles ver que lo más importante es hablar con nosotros.

El juego de los monstruos

Es una actividad en familia donde se le pide a cada miembro que dibuje y recorte a su monstruo. Posteriormente cada uno platica sobre su monstruo, por qué le da miedo y lo que puede hacer para superarlo. Este juego sirve para conocer los miedos de nuestros hijos y así poder ayudarles a enfrentarlos, así como para detectar una posible situación de abuso.

Palabra clave familiar

Establezca una palabra clave para toda la familia, una palabra que servirá para hacernos saber sólo a nosotros que nuestro hijo se encuentra en riesgo o simplemente que no la está pasando bien. Sobre todo en la adolescencia los muchachos se sienten descubiertos y en ridículo si le hablan a papá para que pase por ellos. De esta forma les permitimos comunicarse con nosotros sobre su estado de ánimo u otra cosa sin exponerlos a la burla del grupo.

Fortalezca la autoestima de su hijo

Nada será más efectivo para alejar a su hijo de la violencia que fortalecer su autoestima. Esto lo hace mucho menos vulnerable y dejará de ser blanco de las miradas de los agresores. Éstos prefieren a un niño vulnerable, con necesidad de reconocimiento y afecto, ya que dichas características hacen que resulte más fácil llevar a cabo sus planes. Un niño con buena autoestima quizá será capaz de negarse a los intentos del agresor y aumentará significativamente la posibilidad de que, si acaso algo llegara a suceder, se lo contaría a su adulto de confianza, es decir, usted.

Involúcrese en todas las relaciones niño-adulto de sus hijos

Permanezca pendiente de las relaciones con entrenadores, maestros, choferes, nanas o niñeras. Preste atención al tipo de relación que se desarrolla entre ellos.

Conozca en todo momento dónde y con quién están sus hijos

Sin llegar a ser una molestia, es importante que ellos no estén en la calle sin su conocimiento. Conozca con quién van cuando van a dormir a casa de un amigo o de campamento. Ellos, tarde o temprano, agradecerán su preocupación.

¿Qué hacer si nuestro hijo fue víctima de violencia sexual?

Es esencial dejar claro que decir NO es realmente difícil para nuestros hijos, como ya lo vimos cuando describimos el proceso de seducción del agresor en el capítulo 1. En ocasiones, aun tomando todas las precauciones, es posible que nuestros hijos sean víctimas de un agresor sexual. Si tenemos la suerte de haber establecido una relación de confianza y comunicación con ellos, nos contarán lo sucedido. Si no es así, tarde o temprano alguien llegará a comunicarnos que algo le pasó a nuestro hijo. En cualquiera de estos casos, la reacción que expresemos en ese momento será fundamental para poder enfrentar el suceso y poder llevarlo a un final, si no feliz —pues este tipo de experiencias nunca llegan a desaparecer de la historia de los niños—, por lo menos uno con mejores resultados. En todos los casos:

- Reaccione con calma, no actúe en estado de *shock*.
- Busque un lugar privado para hablar.
- Utilice el lenguaje del niño.
- Reafirme la confianza con el niño a través de frases como "Gracias por confiar en mí", "Por supuesto que no estás en ningún problema", etcétera.
- Deje claro que sin importar lo sucedido, nunca es culpa del niño. El único culpable es el agresor. Puede decir frases como: "No importa lo que haya dicho el agresor, no es tu culpa".
- Crea en su hijo. Los niños raramente mienten cuando han sido víctimas de violencia sexual.
- Dígale: "Yo me encargaré de protegerte y mantenerte a salvo".
- Sea honesto sobre lo que sucederá, no haga promesas que no podrá cumplir, como "Te prometo no decirle a nadie".
- Aleje al niño del agresor, no importa quién sea. Resguárdelo.
- Busque ayuda profesional, este tipo de eventos van más allá de nuestras capacidades.
- Reporte a las autoridades correspondientes.

La reacción que mostremos a nuestro hijo será determinante del resultado. Si reaccionamos con histeria, enojo o incredulidad, lo más probable es que nuestro hijo calle y no vuelva a hablar del tema, quizás hasta que sea un adulto y comprenda por sí mismo lo que sucedió. Para ese momento ya será demasiado tarde para evitar las terribles consecuencias de vivir con un secreto como éste y la confusión y efectos en la personalidad que un evento de este tipo producirá en nuestro hijo. Y por supuesto, su silencio permitirá que el agresor lo siga lastimando.

¿Qué hacer cuando nuestro hijo es el agresor?

No hay quizás una plática más difícil para un padre que cuando debe enfrentar el hecho de que su hijo es el agresor. La reacción debe de ser igual que cuando se afronta el que nuestro hijo haya sido víctima de violencia sexual. En este caso, lo importante es hacerle saber claramente que lo que está haciendo no es correcto, y que usted va a hacer todo lo posible por protegerlo y ayudarlo. Establezca de forma determinante que se debe de respetar cuando alguien diga NO, y busque ayuda profesional para su hijo.

Comportamientos preocupantes

- El niño usa un lenguaje sexual que no es adecuado para su edad. Esto sugiere que el niño ha estado expuesto a material o se ha visto envuelto en comportamientos que están más allá de su edad.
- El niño actúa de manera inapropiada (involucrando partes privadas del cuerpo) en la escuela o en casa.
- El niño continúa involucrado en estos comportamientos aun cuando un adulto le ha dicho que debe de detenerse.
- El niño pasa demasiado tiempo en la recámara solo con su hermano menor.

- El niño intenta desvestir a otro niño o adulto en la escuela o en cualquier otro lugar.
- Otros reportan que el niño tiene comportamientos excesivamente provocativos.
- El niño presta demasiada atención a niños menores (tres o más años menores) y les propone jugar juegos secretos, como al doctor, bajar los pantalones, etcétera.
- El niño insiste en abrazar o besar a niños menores aun cuando éstos protestan.

Como padre, no hay nadie mejor que usted para enseñarles a sus hijos sobre su cuerpo, su seguridad personal y las reglas para prevenir situaciones peligrosas. No dependa de otros para hacer esto. Si quiere que ellos acudan a usted, comience a tener discusiones abiertas y naturales desde que son pequeños. En todo caso, busque ayuda profesional. Recuerde que la total responsabilidad del bienestar de sus hijos es suya.

¿Cuál es el papel que debe de tener una institución educativa?

Es cierto que la responsabilidad de la educación, protección y seguridad de los menores recae en los padres. Nadie más es responsable. Sin embargo, los padres de familia trasladan la responsabilidad de la formación intelectual de sus hijos a la institución educativa, pero siempre lo hacen bajo la premisa de que la seguridad de sus hijos no está en riesgo. Por tanto, aunque el principal objetivo de una escuela sea la formación intelectual de sus alumnos, éste queda supeditado a que la seguridad de los mismos sea adecuada.

Las estadísticas de violencia sexual a menores en la escuela, aunque más publicitada, son realmente bajas. Algunos estudios mencionan que sólo 4% de todos los casos se da en este lugar. Sin embargo, un caso es suficiente para que una institución fracase en su principal objetivo. Por esta razón, lo primero que una escuela debe hacer es establecer como la prioridad número uno la seguridad de sus alumnos.

Para cumplir con su misión formativa, la escuela tiene que hacer todo lo posible por asegurar el sano desarrollo de los menores. Para lograrlo, toda institución educativa deberá de cumplir con los siguientes requisitos.

Código de conducta y comportamiento

Establecer un código de conducta que defina claramente los límites de acción y relación de los colaboradores. Es esencial que todos estén conscientes de lo que la institución permite y lo que no. Dicho código debe de hablar de las reglas y políticas de la escuela en cuanto a lo que ésta espera del comportamiento de sus colaboradores, por ejemplo, puntualidad, arreglo personal, honestidad, etc. Pero es fundamental que también se refiera a:

- Contacto físico: toques permitidos y no permitidos. Todo toque arriba del hombro es permitido. Todo toque por abajo del hombro no está permitido.
- Políticas para entrevistas uno a uno entre adultos y menores: éstas deberán de ser a puerta abierta, de forma que permitan la privacidad de la plática, pero al mismo tiempo posibiliten la visión de cualquiera hacia adentro.
- Visitas de los alumnos a casa del maestro siempre deben de incluir a otro adulto y ser autorizadas por la dirección de la institución y por los padres de familia.
- Premios, castigos y la exhibición de preferencias hacia algún alumno en particular.

- El uso de teléfonos móviles para tomar videos o fotografías de los alumnos: éstos deberán de limitarse a actividades de la escuela y ser autorizados por la dirección y los padres de familia (en excursiones y actividades generales).
- El contacto social entre menores y adultos: ningún adulto debe de tener una relación social privada con un menor (Facebook, WhatsApp, Instagram, etc.). En chats donde participe todo el grupo debe de incluirse a algún directivo o padre de familia.
- Los límites que deben de existir para la acción disciplinaria.
- Transporte de menores: los adultos no deben de llevar a alumnos particulares a sus casas, a menos que la dirección y los padres de familia lo autoricen.
- Confidencialidad: los adultos no deben de compartir su vida personal con los menores, ni comunicar a nadie la vida personal de los alumnos.
- El código debe de establecer la obligación de reportar todo caso de sospecha o denuncia de violación a las normatividades estipuladas en dicho código.
- El código debe de dejar claramente establecido que la violación al mismo no será tolerada.

La premisa de este código de conducta es que "los maestros deben de ser maestros de los alumnos, no sus amigos".

Protocolo de acción

La institución debe de establecer un protocolo de acción para los casos de violación al código de conducta y comportamiento. En el caso de sospecha o denuncia de violencia sexual, debe de incluir:

- La creación de un reporte escrito con toda la información de quien denuncia, a quién se denuncia o de quién se sospecha, quién es la supuesta víctima, así como la descripción de la sospecha o denuncia.
- La institución debe de establecer a un grupo reducido de personas que hagan frente a la sospecha o denuncia. Este grupo debe de incluir, al menos, al director, al psicólogo de la escuela y al director del área.
- El protocolo debe de incluir la comunicación con los padres de familia, la búsqueda de asesoría por parte de un experto y el reporte a las autoridades correspondientes.
- Se debe de establecer la absoluta confidencialidad del caso, pues ninguna de las personas involucradas es experta en juzgar, investigar y condenar a nadie, y la difusión anticipada del caso, sin pruebas contundentes, puede dañar permanentemente la vida y reputación del sospechoso. Por ello, deberán acercarse a especialistas en materia para saber cómo proceder ante una situación de esta índole
- El protocolo deberá de dejar claramente establecido que cualquier sospecha o denuncia será investigada a fondo y será llevada hasta sus últimas consecuencias sin importar el puesto, posición o jerarquía de autoridad del sospechoso.

Protocolo de contratación segura

Establecer un proceso de investigación de los colaboradores y candidatos a contratar que no se enfoque únicamente en saber acerca de los conocimientos y habilidades de éstos, sino que busque, al mismo tiempo, conocer los hábitos, costumbres y comportamientos sociales de aquellos que están o estarán conviviendo con los alumnos, tanto en el ámbito laboral como fuera de éste. Dicho protocolo debe de incluir:

- Análisis del *curriculum vitae*.
- Investigación telefónica de referencias, no únicamente con el jefe inmediato superior en su antiguo empleo, sino también con sus compañeros de trabajo.
- Investigación del candidato en redes sociales (es increíble lo que uno puede encontrar ahí).
- Al menos dos entrevistas con diferentes personas de la institución.
- Durante las entrevistas, se le debe de mostrar al candidato el código de conducta de la escuela; se le pedirá que lo lea y se le preguntará si estaría de acuerdo con firmarlo en caso de ser contratado.
- De igual forma, se le debe de informar al candidato que existe un protocolo de acción en caso de violaciones al código de conducta, y que toda violación a éste se investigará a profundidad.

Capacitación constante y permanente

Una institución educativa preocupada por la seguridad de sus alumnos debe de procurar que todos sus colaboradores cuenten con los conocimientos necesarios sobre los tipos de violencia infantil. Por tanto, debe de ocuparse en capacitar constantemente a todo su personal, incluyendo a personal docente, administrativo y auxiliar. Debe de buscar la asesoría de los expertos en el tema, pues el personal de la institución deberá de actualizarse con la información correcta. Adultos informados producen adultos conscientes de lo que sucede a su alrededor, ésa es la fórmula para prevenir o descubrir a tiempo la violencia que puede estar sufriendo un pequeño.

Sería muy presuntuoso afirmar que si la institución lleva a cabo todo este proceso, estará completamente segura de que el cien por ciento de su personal es confiable y que nunca sufrirá un evento de este tipo; sin embargo, el hecho de que una institución educativa realice todos estos procesos para hacer de ella un lugar seguro para los niños sólo tiene un efecto disuasivo en los posibles agresores.

El promedio de víctimas de un agresor sexual infantil es de 60. Resulta obvio pensar que es muy difícil que nadie haya notado sus actividades, por lo que es usual que al sentir la sospecha de la comunidad y la sociedad en general cambien de lugar. Cambian de escuela, de dirección y hasta de país. Sin embargo, a donde vaya, buscará colocarse en un ambiente que le proporcione víctimas para llevar a cabo sus ataques. Si un agresor busca trabajo en una escuela, es probable que prefiera una institución ingenua que no tenga todos estos protocolos, pues en una escuela segura ciertamente correrá mayor riesgo de ser descubierto.

¿Cuál debe de ser el papel de un docente?

Ya hemos visto la dificultad para denunciar la violencia sexual infantil en el ámbito familiar. Por esta misma razón, la escuela se convierte en la primera línea del frente de batalla, en especial los maestros.

La responsabilidad de un docente no solamente es la formación intelectual de sus alumnos. Y no cumple con esta responsabilidad si sólo cuenta con conocimientos y habilidades.

El maestro, a través de su ejemplo, debe de convertirse en mentor y figura aspiracional para sus alumnos. Su labor no se limita a transmitir conocimientos, sino que se extiende a observarlos y escucharlos realmente, a estar pendiente de su estado emocional y a favorecer el crecimiento integral, sano y adecuado (físico y emocional) que les permita desarrollar todo su potencial para convertirse en mujeres y hombres con una personalidad inteligente, responsable y honesta que aporten algo positivo a nuestra sociedad.

Quizá los niños no cuenten con los medios adecuados para comunicar lo que sienten, pero siempre lo expresan de alguna forma. Cuando un niño sufre, siempre nos comunica sus sentimientos. Él aún no posee el lenguaje que los adultos estamos acostumbrados a escuchar, y tal vez por eso no nos demos cuenta de lo que lo angustia. Pero si ponemos atención a las señales físicas y de comportamiento que se han mencionado a lo largo de este libro, podremos percatarnos de que algo no está bien. Por supuesto, el hecho de notar alguna de estas señales no significa que se trate de violencia sexual infantil en todos los casos, pero ciertamente algo está sucediendo. Quizás está sufriendo el divorcio de sus padres, la pérdida del trabajo del padre o la madre, la muerte de alguien cercano, un cambio de domicilio, la llegada de un nuevo hermanito y la consiguiente falta de atención que antes disfrutaba, etc. Como maestros, toda causa que provoque el sufrimiento y la angustia de un niño debe de preocuparnos, y actuar en consecuencia. Todo niño tiene un derecho fundamental, el derecho a la felicidad. Y si en su hogar no puede encontrar, por la razón que sea, los medios necesarios para ser feliz, nosotros, como maestros, tenemos la obligación de notar el sufrimiento y procurar los recursos que le permitan serlo. Por eso, un maestro debe de:

- Mostrar una conducta apropiada en todo momento. Los niños aprenden más con el ejemplo que con las lecciones.
- Aprender a detectar las señales físicas y de comportamiento sospechosas.
- Aprender a reconocer cuando un niño está siendo abusivo con otros niños.
- Aprender a corresponder con la denuncia de un niño.
- Aprender a reportar una sospecha o denuncia de abuso.

Recuerde:

- No se necesita de una prueba para hacer un reporte.
- La ley sólo requiere una sospecha razonable para denunciar un abuso.
- Una sospecha razonable se basa en lo que ha observado o le han dicho, combinado con su entrenamiento y experiencia, lo cual lo lleva a determinar que un niño podría estar en peligro.
- Usted no es un detective ni un juez. Usted no podrá decidir si su sospecha es cierta o no. Haga un reporte y recurra a los expertos.
- Capacítese y aprenda todo lo posible sobre el tema, pida a su institución que busque este tipo de capacitaciones y entrenamientos.

¿Qué es lo que se les debe de enseñar a los niños sobre este tema?

Existen varios programas de prevención de violencia sexual infantil. Usualmente estos programas se implementan en las escuelas por la sencilla razón de que es ahí donde pueden capacitar a más los niños. Lo que estos programas procuran hacer es educar, en un lenguaje apropiado y de acuerdo con la edad cronológica y neurológica de los niños, sobre lo siguiente:

- Conocer cuáles son las reglas de seguridad en cuanto a su persona.
- Aprender a protegerse a sí mismos.
- Obtener herramientas de empoderamiento.
- Reconocer las partes privadas del cuerpo (las que cubre el traje de baño).

- Aprender que las partes privadas son exactamente eso, privadas, y que nadie tiene derecho a hablar sobre ellas, verlas o tocarlas.
- Que ellos tampoco tienen derecho a ver, tocar o hablar sobre las partes privadas de otros niños o adultos.
- Reconocer cuáles son los toques apropiados y los que no son apropiados (los que los hacen sentirse cómodos o incómodos).
- Que aprendan a decir NO si se sienten incómodos en alguna situación, sea quien sea el causante de esta incomodidad. Decir NO no siempre funciona, como vimos en el proceso de seducción del agresor descrito en el capítulo 1, pero deja claro al niño que algo no está bien e incrementa mucho las posibilidades de que lo cuente en una etapa temprana, evitando así la violencia por periodos largos de silencio.
- Que reconozcan quién es su adulto de confianza, al que pueden recurrir para pedir ayuda si algo les está sucediendo.

¿Realmente sirven los programas de prevención en las escuelas?

Existe muy poca investigación sobre los resultados de los programas de prevención de violencia sexual infantil. Quizás esto se debe a que hace muy poco tiempo, sólo algunos años, el tema dejó de ser un tabú y empezó a ser visible en el mundo. Aunque la historia sobre el abuso sexual infantil se remonta más allá de la época de Freud, quien lo reconoció como una de las causas de lo que en ese momento llamaban "histeria" en las mujeres, solamente a partir de la Segunda Guerra Mundial, y gracias a los estudios sobre el trastorno de estrés postraumático en los soldados que volvían del campo de batalla, comenzaron a tomarse en cuenta las historias de sufrimiento como causa de dicho trastorno.

En 2019 se llevó a cabo una encuesta en los Estados Unidos a 413 estudiantes, niños y adolescentes que acudían a escuelas que habían implementado un programa de prevención de abuso sexual infantil durante los últimos tres años. La encuesta se basó en los conceptos de conocimiento, confianza, incidencia y hablar con los padres. Los resultados fueron alentadores:

- Conocimiento; saber qué hacer en diferentes situaciones: 92% respondió correctamente a la pregunta "Si vas caminando y alguien te ofrece llevarte a casa, ¿qué harías?".
- Confianza: 72% respondió correctamente a la pregunta "¿Te sientes seguro de lo que sabes que debes hacer ante una situación que te haga sentir incómodo?".
- Incidencia: ante la pregunta "¿Has estado en situaciones que te hacen sentir incómodo porque alguien quiere ver o tocar tus partes privadas?", 62% contestó afirmativamente.
- Hablar con los padres: 52% respondió afirmativamente a la pregunta "¿Has platicado con tus padres sobre situaciones que te hacen sentir incómodo?".

Además, las escuelas que implementaron algún programa de prevención de abuso sexual infantil reportaron que la incidencia de casos cambió de uno de cada cinco niños a uno de cada 20. Asimismo, se percataron de que los niños revelaban la agresión en etapas más tempranas, e incluso los adultos que habían sufrido de abuso sexual se vieron motivados a hablar de lo sucedido por primera vez.

Conclusiones

Abraham Maslow definió las necesidades humanas con su famosa pirámide. Después de satisfacer las cuatro primeras (necesidades fisiológicas, de seguridad, de pertenencia y de reconocimiento), la última necesidad del ser humano es la autorealización a través de la trascendencia. He aprendido, a lo largo de mi vida, que la trascendencia pasa forzosamente por el servicio a los demás. Trascender es dejar un legado. Albert Einstein trascendió más allá de él al dejarnos su teoría de la relatividad. Abraham Lincoln trascendió más allá de él al dejarnos su lucha por la libertad de todo ser humano. Para nosotros, simples mortales, trascender significa ir más allá de uno mismo para ver y escuchar al otro, ofrecerle nuestra ayuda, nuestro amor, nuestra comprensión, pero más aún, nuestra presencia para que ese otro pueda continuar nuestra tarea de crear un mundo mejor, utilizando el maravilloso potencial con el que todos llegamos a este mundo.

Mark Twain, en el siglo XIX, dijo: "Solamente existen dos días importantes en la vida de un hombre, el día en que nació y el día en que supo por qué".

Como padres de familia y maestros, la vida nos ha regalado la total claridad de quién es ese otro con el que podemos trascender y cuál es el porqué de nuestra existencia: nuestros hijos y alumnos. Es con ellos con quienes podremos lograr nuestra trascendencia, dejándoles un legado de amor y de confianza en que la vida es bella y que vale la pena vivirla, ayudándoles a desarrollar todo su potencial. Ése es nuestro porqué.

Carl R. Rogers nos dice que la pregunta no es, ¿cómo podemos ayudar a nuestros hijos y alumnos?, sino, ¿cómo podemos crear una relación que ayude a nuestros hijos y alumnos a mantenerse seguros? No existe una respuesta sencilla, pero sin duda, estar presentes observando, escuchando y preocupándonos por conocer lo que sucede en su vida puede representar una gran parte de la respuesta para crear una relación de amor y confianza que les permita acudir a nosotros en busca de ayuda.

Al comenzar su clase, el maestro se dirigió al grupo:

—Hoy vamos a hablar de anatomía sexual.

Alberto, sentado hasta el fondo del salón, dijo:

—Muy bien, maestro, ¿qué quiere saber?

Todos echaron a reír; sin embargo, algo en la risa de Alberto llamó la atención del maestro, pues no sonaba normal, era una risa un poco nerviosa.

Al terminar la clase, el maestro se paró en el marco de la puerta despidiendo a cada uno de los alumnos. Cuando llegó el turno de Alberto, el maestro le dijo:

—Alberto, si necesitas hablar con alguien, quiero que sepas que aquí estoy, puedes hablar conmigo de lo que sea.

Durante casi dos meses el maestro repitió la misma escena, todos los días le decía a Alberto lo mismo. Un día, Alberto tocó a la puerta de la casa del maestro. Cuando éste la abrió, se encontró con un niño llorando desesperadamente. El maestro hizo pasar a Alberto a la casa, lo sentó y le ofreció un poco de agua. Se sentó a su lado y le pidió que le dijera por qué lloraba. Alberto relató que, desde hacía más de un año, Manuel, el encargado de mantenimiento, lo llevaba casi todos los días al cuarto al final del pasillo que usaba para guardar sus herramientas, y que ahí le hacía cosas horribles. Lo había amenazado con subir los videos de lo que hacían a las redes sociales si llegaba a contarle a alguien lo que pasaba. El maestro lo calmó y le dijo que él se iba a encargar de protegerlo. Al hacer la denuncia ante las autoridades, éstas encontraron en el cuarto más de 100 videos de diferentes niños que mostraban lo que Manuel les hacía.

Solamente la atención y la observación profunda de padres y maestros pueden hacer la diferencia.

El ser humano se distingue de todas las demás especies del mundo en una sola cosa: puede imaginar diferentes alternativas, y por tanto, futuros distintos. Sin embargo, solamente nuestras acciones cambiarán una situación presente y la resolverán como lo imaginamos en el futuro.

Quiero terminar este capítulo exhortando a cada uno de los lectores a formar parte de un mejor futuro para nuestros hijos y alumnos en el que los niños puedan desarrollar, sin el obstáculo de la violencia sexual, todo su potencial, rodeados de personas que los amen y los hagan sentir amados.

Bibliografía

Herman, Judith (2015). *Trauma and Recovery*, M.D. Basic Books.

Intebi, Irene V. (1998). *Abuso sexual infantil: en las mejores familias,* Ediciones Granica.

Mandel, David, y David Pelcovitz (2011). *Breaking the Silence*, KTAV Publishing House.

Rogers, Carl R. (2007). *El proceso de convertirse en persona*, Editorial Paidós Mexicana.

Scheeringa, Michael S. (2018). *They'll Never Be The Same*, Central Recovery Press.

Vélez, Renato (2013). *Abuso Sexual Infantil,* México: Trillas.

Epílogo

Ciento cincuenta y siete maneras de contar mi historia de incesto

EMILY LEVY
(Véanse las notas al final del poema.)

Cuéntalo en inglés,
en lenguaje de señas.
Cuéntalo como un poema,
como una obra de teatro,
en una carta al presidente.
Cuéntalo como si mi vida dependiera de ello.

No abusaron sexualmente de mí cuando niña.
Temía, cuando tenía 3 años de edad, que un hombre entrara a mi cuarto a la medianoche y que me atrapara. ¿De dónde vendría esa idea?
Me pregunto por qué odié tanto a mi padre. Las explicaciones que me doy no satisfacen la rabia y odio que siento. Hay una vaga posibilidad de que abusaran de mí sexualmente cuando niña.

Cuéntalo como un caso en un juzgado,
como en un debate en el Congreso,
como si el poder de los niños fuera respetado.
Cuéntalo como terrorismo doméstico,
como un deporte nacional.
Cuéntalo como en el juego de saltar la cuerda:

A, me llamo Anita.

Él me lo clavó en el Ano
Ahora estoy Amargada,
Ahora quiero Acción.

B, mi nombre Betty.
El pene era el de mi hermano Beto.
He escrito Bastante
Porque la venganza Busco.

C, me llamo Carla.
Él dijo que me daría un Caramelo.
Le dije a mi prima Carolina
Y a su papá lo Capturaron.

D, me llamo Doris
Y yo aún era De pañales...

Cuéntalo como un graffiti, como un servicio religioso.
Cuéntalo en un aviso de ocasión.
¿Por qué cuando voy a ver a mi papá me aseguro de llevar una
    bufanda que me cubra el pecho?
No hay manera de que él haya abusado de mí. Lo recordaría.
Tengo muy buena memoria. Toda mi familia lo dice.
¿Por qué cuando tenía 11 años de repente empecé a odiarlo?
Pienso que mi padre pudo haber abusado de mí cuando niña.

Cuéntalo como un comercial de televisión,
como un experimento científico,
como una canción ranchera.
Cuéntalo como una historia antigua,
como ciencia ficción.

Cuéntalo mientras duermes:
esta vez decidí agarrarlo en lugar de que él me agarrara.

Lo masturbé rabiosa, arañando su cosa con mis uñas,
    encajándoselas en la carne tan hondo como pude.
Lo hice así para hacerlo eyacular.
Luego pensé que detenerme sería más cruel.
En cuanto paré, mi mamá estaba allí otra vez.

Cuéntalo como cuento de cuna,
como frase de un engomado o una calcomanía.
Cuéntalo como si nos hubiera gustado.

Cuando era joven, decía: "¡No me toques, estoy viva!".
¿Por qué inventé esa expresión?

Cuéntalo como la justificación de una guerra nuclear,
como una justificación para no tener otra guerra.
Cuéntalo como una tarjeta de felicitación:

Para una querida sobrina:

En este día que pienso en ti,
una niña linda y graciosa,
siempre tan dulce y jocosa,
con razón papá abusó de ti.

Tu pecho rosáceo y tu lengua tan briosa.
¡Qué cielo en la niña tan joven y hermosa!
Tu beldad, que ahora ha sido por él coronada en vigilia con
    su amor, mostrado por él en esa cogida en familia.

Tengo un deseo para ti, si me lo permites, casual:
¡Feliz día del Abuso Sexual!

Cuéntalo como una columna de chismes,
como tu último deseo y testamento,
como un caso para Ripley de *Aunque usted no lo crea*.

¿Acaso invento esto como un pretexto para odiarlo?
Si yo lo acusara falsamente jamás me perdonaría a mí misma.

Cuéntalo como una telenovela,
como un mensaje en la contestadora del teléfono.

Cuéntalo como un juego de mesa:
—¡Serpiente! ¡Maldita sea! Caí en serpiente…
—¡Éjele! Abusó de ti tu hermano gemelo.

"Tu coeficiente de pesadilla sube a 60%,
tu condena a terapia sube a 3 años,
y tu sexualidad entra al taller para ser reparada."

—¡Hey, dame mi pieza! ¡Yo podría poner mi propia sexualidad
en el taller!
—Bueno. Es mi turno. Tres, uno, dos, tres. ¡Escalera, qué bien!
¡Al doctor feminista!

"Toma una carta."

"Vas a un seminario de tres días en donde lloras, hablas sobre
por qué lloraste, y hablas sobre por qué hablas sobre por qué
lloraste."

"Reduce seis meses de tu condena a terapia."

—¡Qué bien!
—¿Cómo le haces para sacarte las mejores? ¡Mi turno!

Cuéntalo como un libro del tipo "Cómo hacerle para…".
Como un noticiero.
Como instructivo que viene en una caja.

¿Por qué se aprietan los músculos de mi vagina cuando oigo el nombre de él?

Cuéntalo como un cuento de hadas.
Como un truco de magia.
Cuéntalo como si fuera de este momento:

Besar tus labios es como caminar en un hermoso jardín. Miro cada capullo de emoción dentro de tus ojos oscuros. Mis palmas abarcan tus senos, tus uñas cruzan a lo largo de mi estómago. Nos mecemos hasta que tú te acuestas sobre mí. Presionas tu rodilla contra mi vulva, susurras: "Te deseo, baby", y de repente te conviertses en él. Me estás inclinando hacia abajo, sujetándome tan fuerte que no puedo respirar. Me estás metiendo el pene, insistiendo en que lo quiero. Yo lucho con tu cuerpo y con la voz dentro de mi cabeza diciendo: "Calma". Éste es diferente: tú escogiste estar aquí.
—¡Hey! ¿Dónde estás? —me preguntas—. ¿Qué pasó?
Mis ojos te describen con claridad lo que mi boca no puede hablar.
Tú suspiras y me abrazas suavemente.
Finalmente, lloro.
Cuéntalo como un ritual de sanación.
Como un epitafio.
Como descubierto e interpretado siete generaciones después.

Quizá mi familia me bautizó como "La que se acuerda", de tal modo que ellos pudieron creer que, si no recuerdo alguna cosa, no sucedió.

Cuéntalo como un mapa del mundo.
Como si aún estuviese prohibido decir las palabras.

Mi padre abusó sexualmente de mí cuando era una niña.

Cuéntalo para que no vuelva a pasar jamás.

Notas al final del poema

Este poema fue escrito originalmente en inglés y presentado en el libro *The Courage to Heal*, de Ellen Bass y Laura Davis, que en 2008 cumplió 20 años de haber sido publicado, el cual se usó como referencia en el libro en español *Pensar en género*, una compilación de artículos presentada por la Universidad de Colombia. Ahí muestran una versión incompleta del poema en español.

Nosotros lo vimos, contamos las maneras ahí escritas y nos percatamos de que eran solamente 25, de modo que faltaban 132. Les escribimos a las autoras del libro en inglés para pedirles el resto, y gracias a sus atenciones podemos presentar aquí la versión completa. Esta traducción al español fue hecha por Fernando González y Priscila Rebeca Salas Espinoza, de la Escuela de Filosofía y Letras de la Universidad Autónoma de Sinaloa, México.

Enero de 2008

Alas rotas de Josefina Vázquez Mota (compiladora)
se terminó de imprimir en diciembre de 2020
en los talleres de
Impresora Tauro, S.A. de C.V.
Av. Año de Juárez 343, col. Granjas San Antonio,
Ciudad de México